ほったらかしていると大損

後悔したくない「実家じまい」

上手な

マイアドバイザー®[編]

佐藤益弘　小林信之

裁原正和　平井　寛

PHP

はじめに

空き家や所有者不明土地という難しい言葉が世の中に飛び交っています。その理由は人口が減少し、使いづらい古い家が増えて、行き先が決まらない自宅や土地が増えているからです。その対応策が、この本のテーマである「実家じまい」です。ただ、「実家じまい」と聞いても、自分には関係ない！　と目をそむけている方もたくさんいらっしゃいます。あなたはどうですか？

ここ数年のコロナ禍で、私たちＦＰ（ファイナンシャルプランナー）に相談に来られる方が増えています。特に老後や相続に対する不安のため、年金や投資、そして、ご自宅（不動産）の取り扱いに関するご相談を多くいただきます。そして、相談を受けられた多くのお客さまが「もっと早く知っていれば何とかなったのに……」とか「なぜ、もっと早く気づかなかったんだろう……」と後悔の言葉を口にされます。

あなたが同じような後悔をしないためにすることはいたってシンプルです。先行きが見えない変化の激しい世の中で、ご自身のライフプラン（人生設計）に基づき、ゴールを明確化することです。そうすれば、時代を先読みして、適切に行動することができ、〝将来不安をなくす〟ことができるでしょう。家じまいはきょうだい間の相続問題をスムーズに解決するために避けて通れない難問でもあります。実家の条件がわずかに違うだけ、個々人の置かれた状況により正解が違ってしまうからです。ですから専門家といえども、知識だけでなく実務経験がなければ、なかなか適切なアドバイスはできません。あなたに合ったアドバイザーを探すのも容易ではないでしょう。

そこで今回、ＦＰの中でも倫理感をしっかり持ちながら経験豊富で一定以上の実績を持つＦＰプラットフォーム：マイアドバイザー®から〝家じまい〟に詳しいチームを作って本書の作成に取り組みました。みなさんに正しい情報を知っていただき、その第一歩を踏み出してもらいたいと思います。できるだけわかりやすく、コンパクトに内容を整理しました。ぜひ「実家じまい」で悩まないために一読してください。きっと新しい発見があります。

最後になりましたが、本書の出版制作にあたりご尽力いただいたＰＨＰ研究所暮らしデザイン出版部の宇佐美あけみさん、ライターの松澤ゆかりさんには心の底から感謝申し上げます。

マイアドバイザー®　佐藤益弘

『ほったらかしていると大損　後悔したくない上手な「実家じまい」』もくじ

第2章 「実家じまい」の問題はこうして解決する

第3章 地域や個別ケースの「実家じまい」を考える

終章 後悔しないスムーズな〝家じまい〟のために

序章

〝家じまい〟がうまくいかない時代

年々、全国で「空き家」が増えている

昨今、自分の住んでいる地域で、誰も住んでいない「空き家」を目にしたことはありませんか。実はこの「空き家」に関して、これまで地方の問題とされていましたが、近年、全国的に空き家問題として社会問題になっています。

「空き家」の実態は、総務省が5年ごとに行なう「住宅・土地統計調査結果」から知ることができます。２０１８年に行なわれた調査によると、２０１８年の全国の空き家の件数は約８４９万戸。日本の住宅総数は約６２４１万戸なので、空き家の比率は13・６％になります（左ページ上図参照）。

今の日本では、７、８軒に１軒が「空き家」になっているという結果になります。調査を行なうたびにグラフが右肩上がりになっていることから、今後も「空き家」の件数は増え続けるのではないかと思われます。

そして、注視すべき点は、個人で所有している自宅、いわゆる「個人宅」の「空き家」の割合で、１９９８年から２０１８年の20年間に、31・７％から41・１％に増加している点です（左下図参照）。このことから、今後は「空き家」全体の件数だけでなく、「個人宅」の「空き家」の割合も増えていく傾向にあると考えられます。

空き家は年々増えている

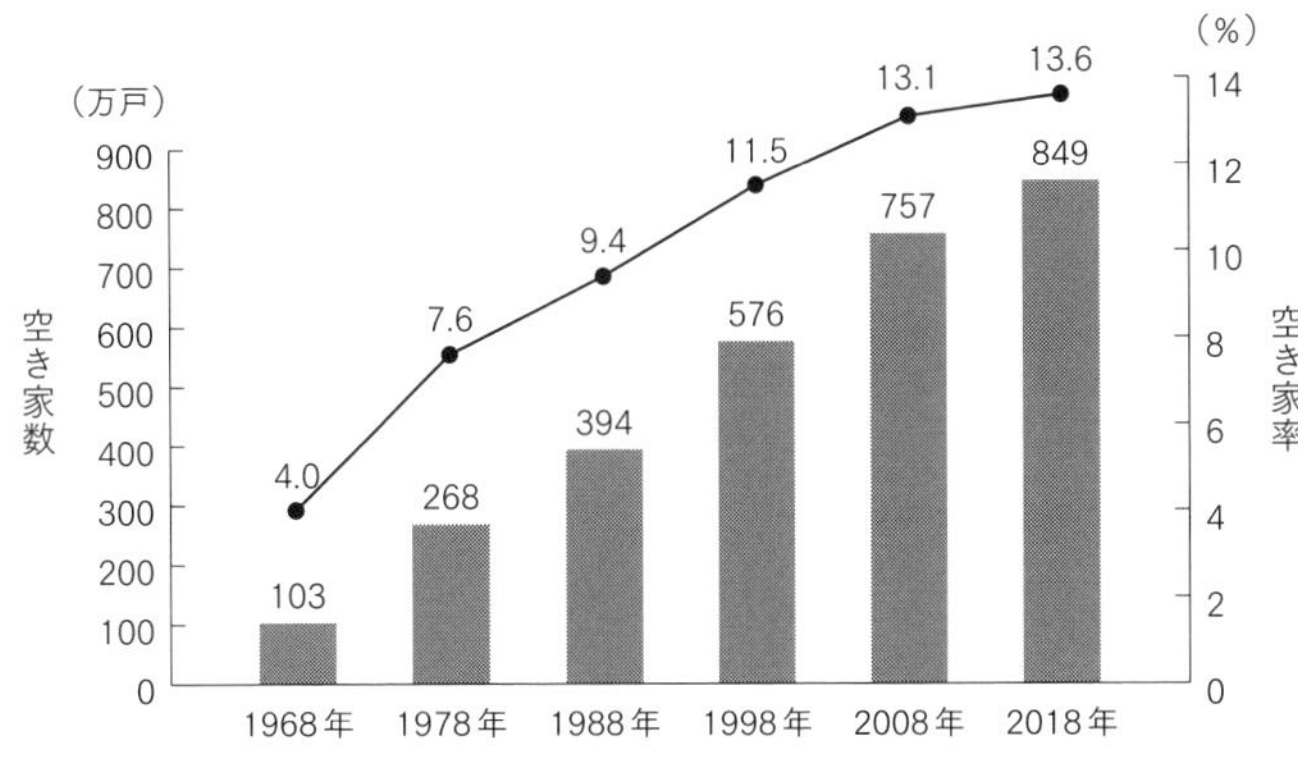

空き家の数も住宅数全体に対する割合も年々増加している。

出典：総務省「2018年住宅・土地統計調査 結果の概要」を基に作成

個人宅の空き家の割合が増加傾向に

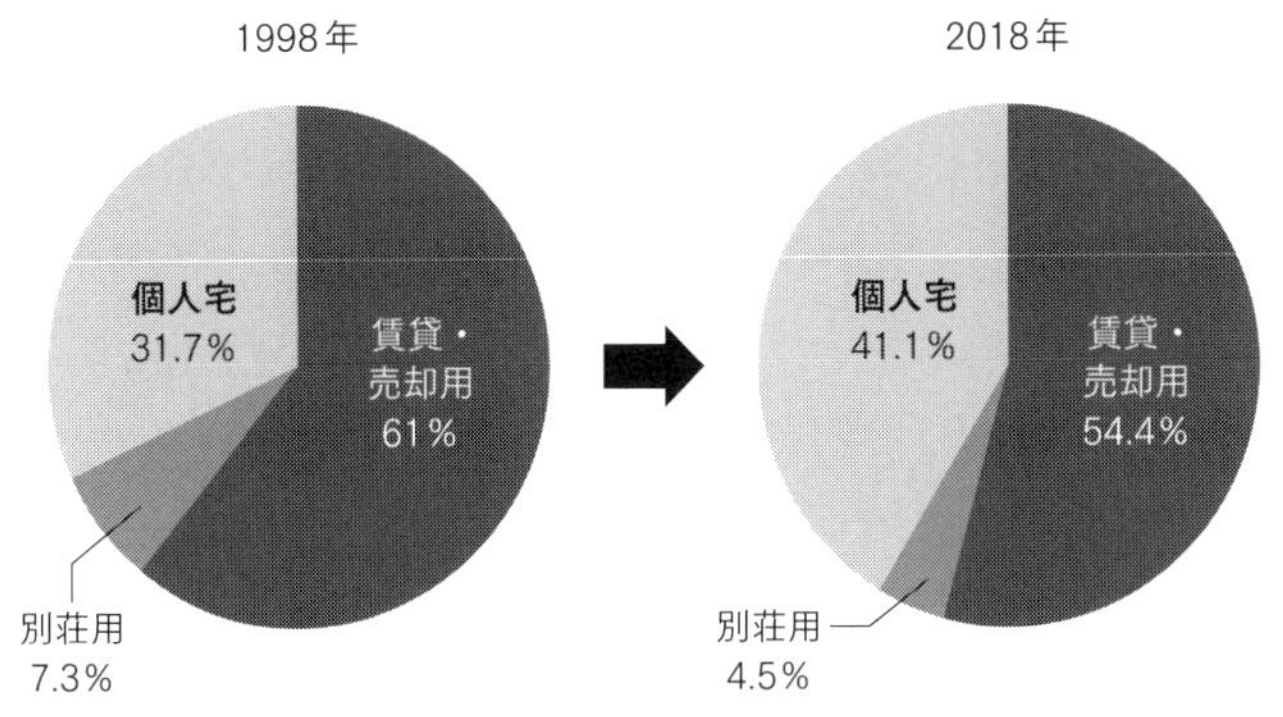

1998年から2018年の20年間に、
個人宅の空き家の割合が増加した。

出典：総務省「2018年住宅・土地統計調査 結果の概要」を基に作成

なぜ「空き家」が増え続けているのか

「空き家」が増える背景にはいくつかの理由が挙げられます。

１つ目は日本の「長寿化」にあります。厚生労働省によると１９８０年の日本人の平均寿命は、男性が73・35歳、女性が78・76歳でした。その頃の親の平均寿命は今よりも短く、親が亡くなった後は子どもが親の家を引き継ぎ、住み続けることが多かったのです。しかし、２０２１年の平均寿命は、男性が81・47歳、女性が87・57歳になっていて、１９８０年と比べると男性は約8年、女性は約9年も寿命が延びています。親が長生きになった分、子ども世代は実家を引き継いで住むことができなくなりました。子どもは親が亡くなる前に住宅ローンを組み、自分たちでマンションや戸建てを購入し、親の残した実家に住むケースが少なくなりました。

２つ目は、高齢になった親は家の売却などの〝決断〟が難しくなることです。

「長寿化」はとても良いことですが、これを自宅の処分という側面から見ると事情が変わってきます。私たちは歳(とし)をとるにつれて次第に体が衰えていき、がんや認知症などの病気を発症しやすくなります。自宅で生活することが難しくなって介護施設に入居したり、病気を発症して病院に長期入院してしまうと、誰も住まない自宅は「空き家」状態になります。

「住まなくなった自宅を処分しなくては……」と頭では考えていても、高齢になると家を売却するための作業や手続きを面倒に感じたり、しっかりした判断や決断が難しくなる場合もあり、自宅をそのまま放置してしまうのです。

このような理由で実家が「空き家」状態になると、残された家を子どもたちも〝どうしたらいいのか〟と悩んでしまいます。結局、親が亡くなるまで行動に移せないケースが増えています。

3つ目は、日本の〝人口の減少〟にあります。

日本人の平均寿命は上昇傾向にありますが、人口は2010年頃から減少が続いています（15ページ上図参照）。出産数が80万人を割るなど人口が減少している中、2021年度に着工された新築物件は約90万戸近くあるため、住宅が余ることは必然です。

以前から日本では、戸建てやマンションを買うときに新築物件を好む傾向があります。実家を売却しようと不動産会社に仲介を頼んでも、田舎の土地や条件の悪い土地は買い手が付かなくて、どうしても「空き家」として残ってしまう傾向があります。これも「空き家」が増える原因の一つといえます。

4つ目は、価値観や生活形式の移り変わりです。

時代の流れから生活形式が変わり、結婚してからも夫婦共働きの家庭が増えました。住居は職場から近くて買い物や保育所、病院、駅近などの条件が整う場所が好まれるようになったのです。

もともと都市部に実家があった子ども世代の人たちでも、親との価値観の違いから同居をしなくなりました。保育所のお迎えを近くに住む親に頼む程度の関わりをもつことはありますが、同じ家に住まなくなったのです。また、住宅ローンを組むことに抵抗がある子ども世代は、分譲にこだわらず、都心の立地の良い場所の賃貸物件に住むことを希望する人たちもいます。

地方の場合は、都市部に進学や就職で出てきた子どもたちは、そのまま都市部に自宅を購入して、自分の両親が住んでいる地方の実家には戻らなくなったのです。その結果、親が亡くなれば残された家は「空き家」状態になります。

日本の人口は減少に転じている

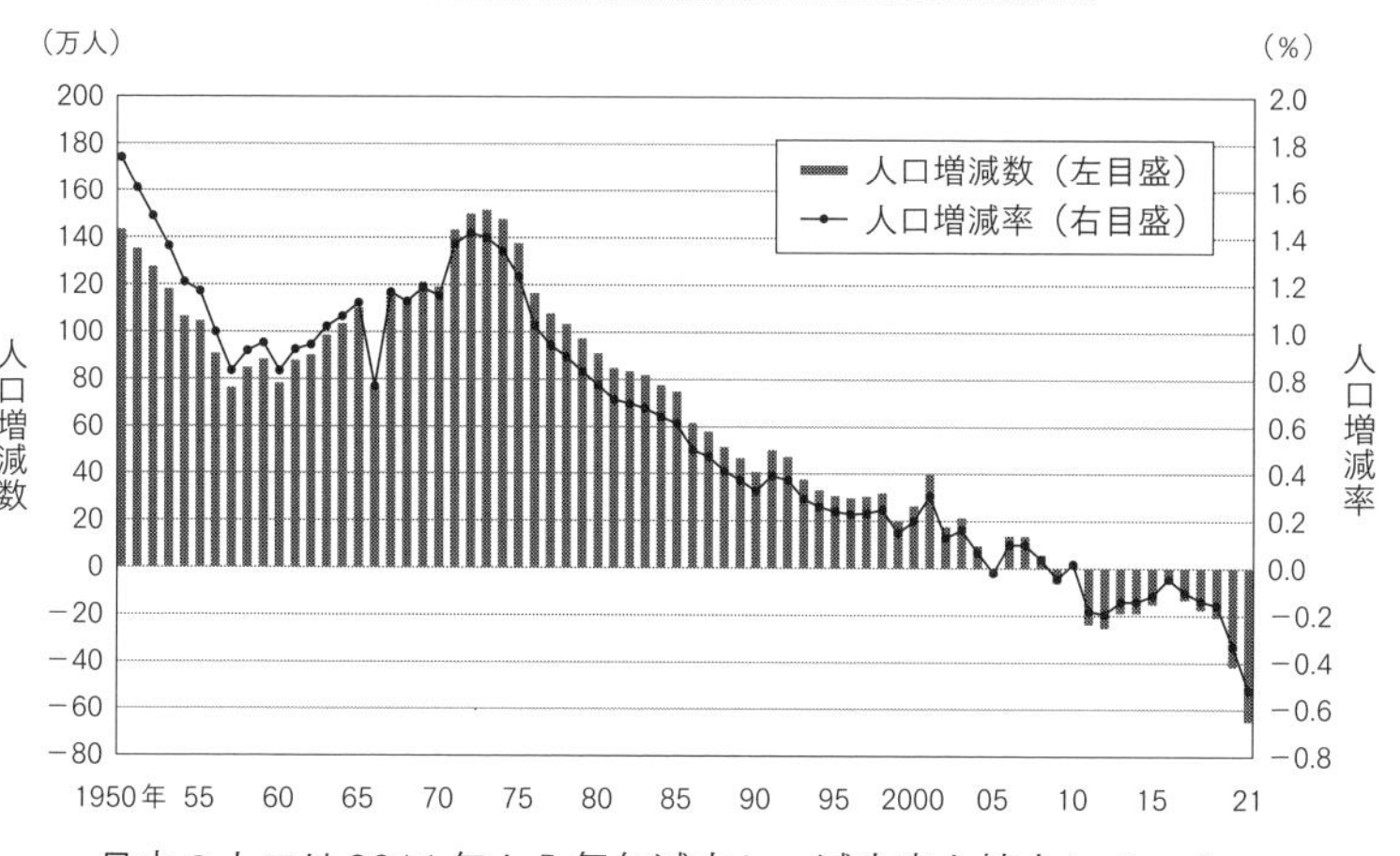

日本の人口は2011年から毎年減少し、減少率も拡大している。

出典：総務省「人口推計」を基に作成

日本の空き家の7割は1981年以前に建てられた

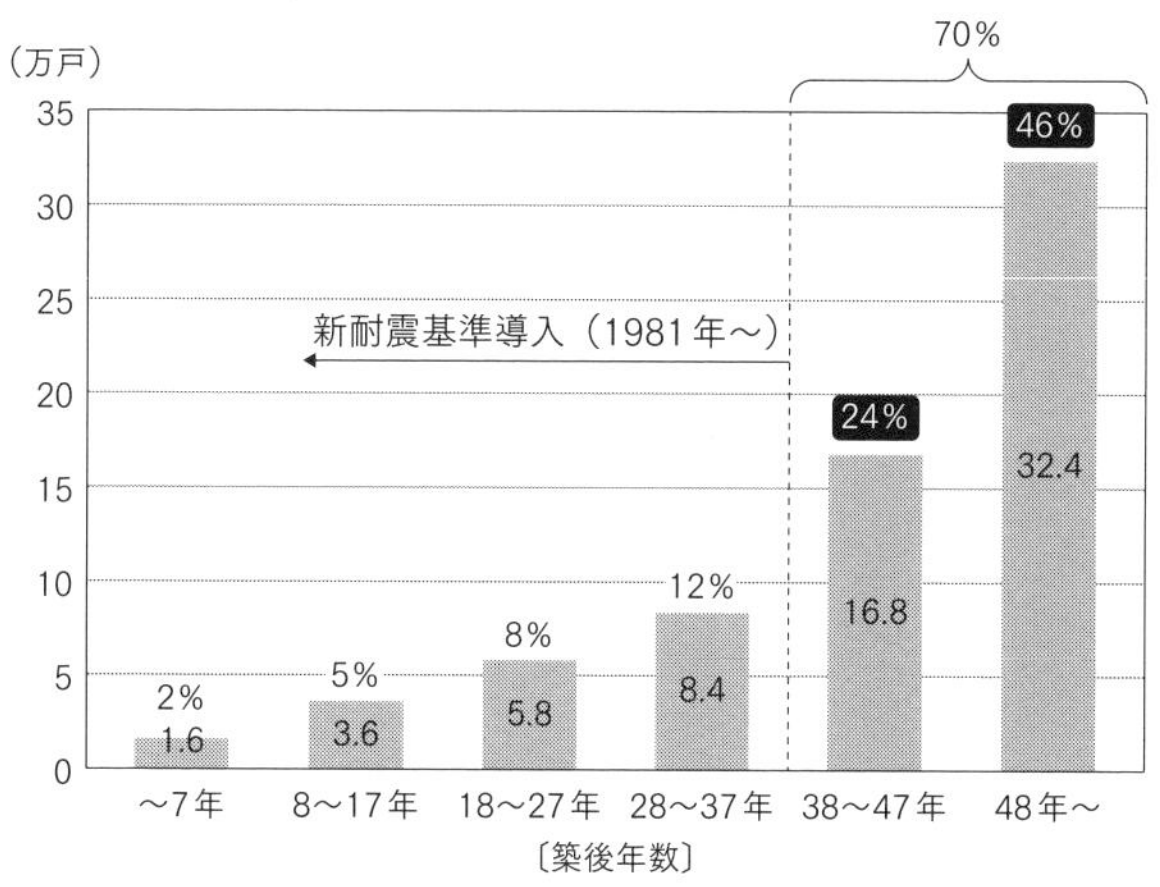

空き家のうちの7割は新耐震基準の導入前に建てられたもの。

出典：総務省「平成30年住宅・土地統計調査」を基に作成

5つ目は、「新耐震基準（134ページ参照）」を満たしていない家が「空き家」になっていることです。現に空き家になっている家のうち、「新耐震基準」が導入される1981年以前に建てられたものが7割を占めています（15ページ下図参照）。これらの家は「新耐震基準」を満たしていない場合が多く、耐震工事を行なわなければ賃貸や売却が難しいため、「空き家」になりやすいといえます。実際は新耐震基準より立地（土地の条件）が大切です。築年数を見ても、築後40年以上経過したものが多くなっていることがわかります。築年数の経っている家を「空き家」にせずに、子どもも世代が引き継ぐ場合はリフォームが必要になります。その資金面なども検討したうえで、実家をどうするかを考える必要があるのです。ただ、家のメンテナンスがしっかり施されていれば、親が残してくれた家は賃貸に出すこともできるため、「空き家」にならずに活用することも可能になります。

社会問題化している空き家問題ですが、では、親自身や子どもは、親亡き後の実家についてどのような対策を取ればいいのでしょうか。この本では、「空き家」になる前と、「空き家」になってからの両面から、後悔しないための「実家じまい」の仕方を提案します。

第1章

親が亡くなると直面する「実家じまい」

1 増え続ける「空き家」と世代間の考え方の違い

「空き家」問題は地方だけの問題だと思われがちですが、すでに都市部にも忍び寄っています。ここに関係してくるのが、戦後の日本の高度経済成長期を支えていた「団塊世代」と呼ばれる人たち。１９４７〜１９４９年に生まれた世代で、人口は約８００万人といわれています。

この世代の多くの人は、地方から都心部へと進学や就職で進出してきました。結婚後も実家に戻らないため、親が亡くなった家には誰も住まなくなり「空き家」状態になるのです。地方に「空き家」が目立つのはこれが理由の一つです。

そして、彼らの多くが最終的に購入した家は、郊外の「〇〇ニュータウン」などと呼ばれる戸建て住宅地でした。職場が都心にある人は、片道約１〜2時間かけて通勤しなければなりませんでしたが、このぐらいの距離は十分に通勤圏だったのです。今後はこの団塊世代が住んでいる家が「空き家」になるリスクがあると予想され、これが「空き家予備軍」になるといわれています。

団塊世代の夫婦が２人だけで住んでいる場合、夫婦のどちらかが亡くなれば、家に住むのは１人になります。万が一、病気になったり体が不自由になったりしたら、介護者のいないおひとりさまにとって、自宅で暮らし続けるのは困難で、病院や介護施設を選択するケースが多くなります。

しかし、愛着のある我が家に「いつか戻れるかもしれない」という思いは強く、家を処分することには考えが及ばないのが現実です。その後、病院や介護施設で亡くなってしまうと、残された自宅は「空き家」状態になります。

残された子ども世代は、仕事が忙しいなどの理由から「空き家」になった実家をそのまま放置してしまうことになります。やがては実家の処分を考えることになりますが、きょうだい間で意見が食い違えば「争族」に発展する可能性もあり、家の処分や利活用できない期間が長引くことも考えられます。

それでも、実家が利便性のよい場所にあり、築年数がそれほど経っていなければ、賃貸として他人に貸し出す選択肢もあります。ただ、借り手が見つからなかったり、借り手が退去してしまえば、その家は「空き家」になってしまいます。

2 すでに子ども世代は自宅を取得している

昔のように子ども世代が親の住んでいる家を引き継ぎ、住み続ける世帯が少なくなりました。これは時代背景や価値観の違いから、結婚後に親と同居する人が減って、核家族世帯が増えたのが要因です。さらに、若い世代が持ち家にはこだわらなくなったこともあります。コロナ禍で住居選びの条件は変わりつつありますが、やはり経済的な問題もあり、会社に近い都市部の交通や買い物に便利な賃貸住居を選ぶ方も増えています。

自宅を取得するにしても、進学で地方から都心部に出ていった子ども世代は、「地方に戻っても希望する雇用先が見つからない」ことを理由に都心部で就職をし、そのまま自宅を構えます。このように、交通機関が発達することで、地方の資産や人々が都市部に吸い寄せられるように集まることを「ストロー現象（132ページ参照）」といいます。地方から都市部へと自宅の拠点を移すのです。

左ページの図の「年代別持ち家率の推移」の調査結果でもわかるように、年代別の

年代別持ち家率の推移

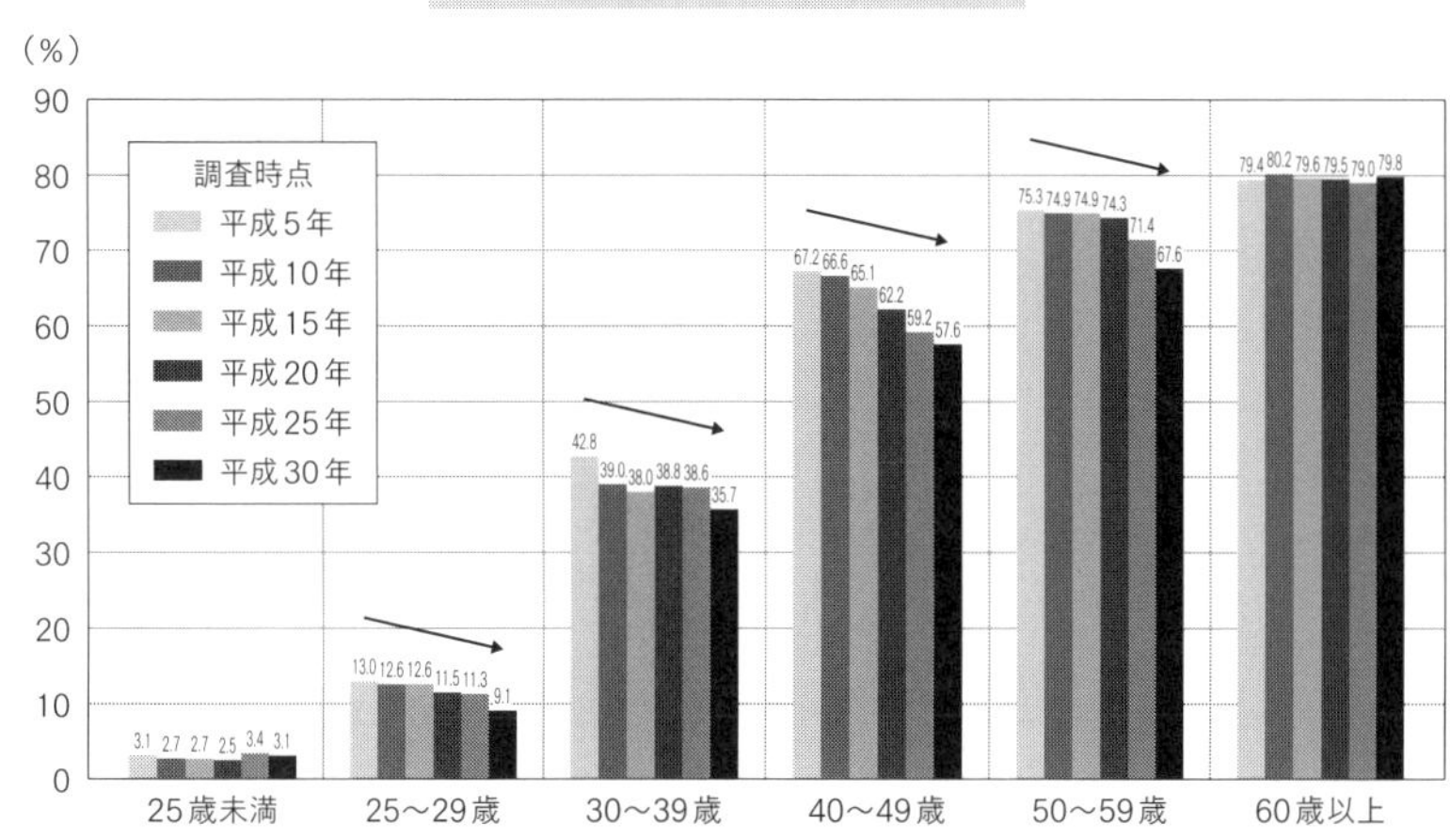

25歳～59歳は持ち家率が減少傾向だが、60歳以上は横ばい状態。

出典：総務省「平成30年住宅・土地統計調査」を基に作成

持ち家率は、近年25歳～59歳において減少傾向です。

けれど、60歳以上の高齢者世帯を見ると持ち家率はもともと高いうえに、近年も減少していません。その持ち家の中には、すでに住んでいない「空き家」も含まれていると思われます。

家の役割として昔は、お盆やお正月に家族が集まるだけでなく、冠婚葬祭（結婚式や葬式）を自宅で行なう風習がありました。時代とともに地方においても、お葬式を葬儀社の式場を借りて行なうようになり、自宅で行なう家はほとんど見かけません。家は生活をする場としてのみの役割を担うようになりました。

3 子ども世代が実家を「空き家」にしておく理由

実際、残された戸建ての木造建築の実家は、使えても法定耐用年数（国税庁が減価償却の計算をするときに用いる耐用年数）である22年を過ぎて価値がなくなっていたり、住居に適さないと判断されることが多くなります。実家に住もうとしても設備が古く、間取りが狭くて、老朽化し、リフォームしなければ住めないのです。

実家に戻ろうと考えても、資金面の調整がつかない場合、実家をそのまま「空き家」として放置してしまうことになり、子ども世代が問題を抱えることになります。

では、子ども世代が実家を「空き家にしておく理由」は、どのようなものが多いのでしょうか。

国土交通省が2019年に実施した「空き家」の所有者への調査によると、実家を「空き家」にしておく理由の上位3つは、「物置として必要」60・3％、「解体費用をかけたくない」46・9％、「更地にしても使い道がない」36・7％となっています（左ページの図参照）。

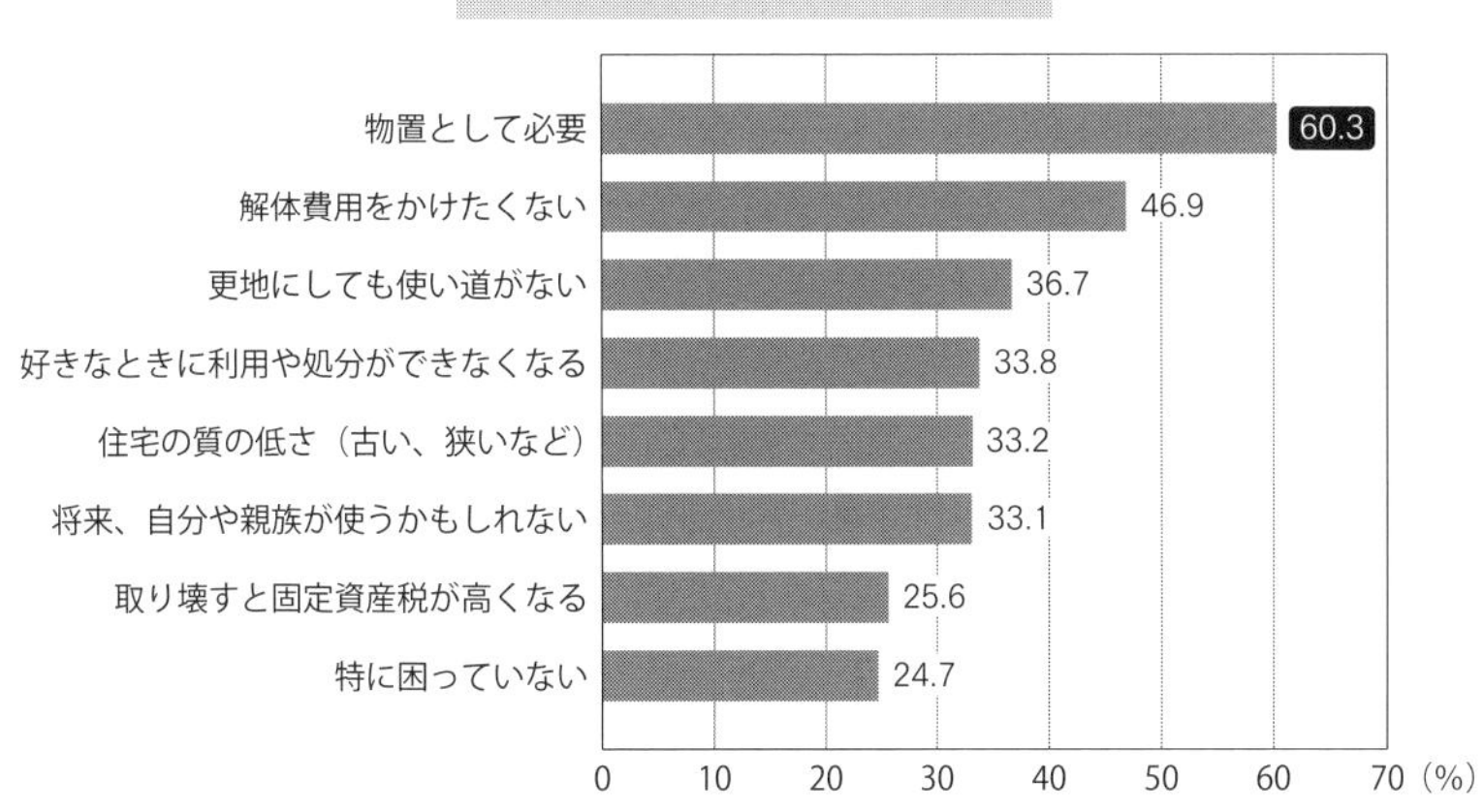

空き家にしておく理由を「物置として必要」と答えた人が６割にのぼる。

出典：国土交通省「令和元年空き家所有者実態調査」を基に作成

調査結果で一番多い空き家を「物置」として使用している人は、２０１４年の同じ調査では44・９％でした。５年後の今回の調査では、６割を超えています。「物置」利用といっても、遺品整理ができずに荷物を放置していたり、空き家をどのように使えばいいか考えることを先延ばしにしている可能性があります。

また、２番目の「解体費用をかけたくない」は、一戸建てを解体した場合、費用が約１００万～２００万円と高額で、地域によっては更地にして土地を売っても採算が取れない場合がある、もし土地が売れなければ固定資産税も上がってしまう、というのが理由のようです。

4 実家が「特定空き家」になってしまってからでは遅い

現在、実家の「空き家」問題に直面している人だけでなく、相続の関係から子ども世代は「自分たちが住まない実家をどうすればいいのか」と悩みを抱えている人も少なくないでしょう。実家が「空き家」になってから考えるのでは、実は遅いのです。

「空き家」になっている「空き家」には、庭の樹木の害虫やゴミの悪臭などが発生して、近隣住民に迷惑をかけることがあります。家の倒壊の危険が高くなれば、「空き家」周辺の環境を損なうことが危惧されるでしょう。

国は、全国にこうした「空き家」が増えたことを踏まえ、2015年に「空家等対策特別措置法（136ページ参照）」を施行しました。実家をきちんと管理しないで倒壊寸前まで放置していると、自治体から「特定空き家」に指定されて、助言・指導、勧告、命令の対象となります。

どのような「空き家」が「特定空き家」の対象になるのかというと、次の4つのいずれかに該当する場合になります。

●「特定空き家」とは

・家が倒壊したり屋根が飛んだりするなど、著しく保安上に危険がある状態
・ゴミの不法投棄など、衛生上有害となる恐れのある場合
・適切な管理が行なわれずに、著しく景観を損なっている状態
・周辺の生活環境を守るために家を放置することが不適切である場合

空き家の管理を怠ると「特定空き家」になる

☑ 家の倒壊や屋根瓦の飛散などが起こるリスクがある

☑ ゴミが不法投棄されるなど、衛生状況が悪化する

☑ 管理が不十分で景観が著しく悪くなっている

☑ 近隣の生活環境に悪影響を及ぼし、放置を見逃せない状態

「空き家」を適切に管理しないと、家が壊れたりゴミを不法に投棄されたりして、周辺の環境にも悪影響を及ぼしてしまう。

自治体の調査によって、実家が「特定空き家」に指定されると、自治体は①助言・指導を行ないます。従わないでいると、次に所有者に必要な措置をとるように書面で②勧告があります。これを受けると、特例である固定資産税と都市計画税の軽減措置（135ページ参照）がなくなり、固定資産税は約6倍に、都市計画税は約3倍になります。近い将来、「管理不全」な空き家についても、この特例が除外になるでしょう。さらに従わないでいると、次に自治体から③命令が言い渡され、それにも従わないでいることで、50万円以下の罰金が科せられます。それでも放置した場合、最後に④代執行の通知が所有者に届き、自治体が空き家の解体に乗り出します。解体費用などは後日、自治体から所有者に請求されるのです。

特定空き家に対する措置までの流れ

特定空き家に指定されると

❶ 市町村長から
助言・指導
空き家の所有者に現状を説明して改善を促す

↓ 改善しないと…

❷ 修繕or除却するよう
勧告
空き家に必要な措置を講じるよう所有者に対して書面で勧告

勧告の翌年度から、固定資産税と都市計画税の軽減措置が受けられなくなる

↓ 無視すると…

❸ 猶予期限をつけて
命令
勧告された措置をとるように命じられる

違反した場合は罰金50万円以下

↓ それでも無視すると…

❹ 空き家の除却など
代執行
事前通告後に、自治体が所有者の代わりに空き家を解体する

空き家の解体が終了すると、所有者に対して解体費用などが請求される

「特定空き家」に指定されると、自治体からさまざまな形の働きかけが行なわれる。指示に従わないと最終的には空き家の除却が行なわれて、解体費用を請求される。

5 「ゴミ屋敷」になっているとどうなるのか

近年「空き家」と同じように話題になっているのが「ゴミ屋敷」です。どちらも近隣に悪影響を及ぼすということで話題になっていますが、「空き家」と「ゴミ屋敷」は同じではありません。「ゴミ屋敷」は、家の中にも外側にも生活空間が確保できないほどのゴミが堆積している状態です。悪臭や害虫が発生することもあります。「空き家」や「ゴミ屋敷」の管轄は国ではなく、自治体になります。また、「空き家」や「ゴミ屋敷」についての相談ごとも自治体にします。トラブルなどがあれば、自治体が現地調査を実施し、所有者に対して改善指導を行ないます。

前の項目でも触れましたが、２０１５年に「空家等対策特別措置法」が施行され、実家が「特定空き家」に指定されれば、最終的に行政代執行により強制撤去になる可能性があります。一方「ゴミ屋敷」は家に人が住んでいることも多く、「特定空き家」に指定されることはありません。自治体ごとに条例を制定し、指導や立ち入り調査を行ないます。相談すればゴミの片づけなどの支援を行なう自治体もあります。

6 「空き家」放置で起きやすいリスク

「空き家」となった実家を放置しておくと、金銭面や管理面、きょうだいとの関係などで、次のようなことが起きやすくなります。特に、「空き家」の管理を怠ると、ご近所トラブルに発展したり、「特定空き家」に指定されるリスクも考えられるため、事前に対策を取っておくことが大事です。

大きく分けると7つのことが挙げられます。

①実家の「空き家」を管理するのに金銭的コストがかかる
②人が住まない「家」は風通しが悪くなり、朽ちていくのが速くなる
③不審者の侵入や放火。犯罪に巻き込まれ、治安を悪くする原因になる
④庭に雑草が生えたり、樹木が隣との境界を越え、近隣に迷惑をかける
⑤災害時に賠償金を支払うことになる恐れがある
⑥ゴミ放置や不法投棄をされるリスクがある
⑦実家の管理を巡ってきょうだい間で争いになりやすい

①実家の「空き家」を管理するのに金銭的コストがかかる

実家を空き家のままにしておくと、後述しますが、維持をするための費用が必要になります。年間にどのくらいの費用が必要になるのか、ご存じでしょうか。

木造建築の戸建ての場合、傷みが生じやすくなります。また、庭がある戸建てでは、庭に雑草が生い茂ってしまい、樹木も伸び放題になって近隣の迷惑になることもあるのです。実家を「空き家」にしておくと、住んでいたときには気がつかない部分に、維持するためのコストがかかります。

たとえば、定期的に「空き家」の点検をする必要があるので、１カ月に１回程度はその「空き家」に行かなければなりません。家の中で明かりをつけて掃除機を使ったりするため、電気は解約をしないで基本料金を払い続ける必要があります。トイレや庭の散水に水を使うので、水道も契約を継続します。草取りや樹木の剪定を自分で行なえない場合は、シルバー人材センターなどに依頼しなければならず、その分の費用もかかります。マンションの場合は、毎月の管理費・修繕費がかかります。

また、実家が遠方で車や電車、飛行機などを使う場所なら、往復の交通費も考えておく必要があります。

税金面では、年間の固定資産税や、地域によっては都市計画税もかかるので、家の維持費を考えると、左のような費用が必要になります。年間単位で考えるとかなりの出費額になってしまうのです。

空き家になった実家の年間維持費の例

実家の一戸建て（家屋は評価額600万円、土地は180㎡で評価額1,500万円）を60km離れた場所に住む子どもが車で往復して管理する場合。

＊電気と水道は契約を継続
＊1カ月に1回、空き家を訪問して換気や通水を行なう

<費用の計算例>

・固定資産税	年間119,000円
・都市計画税	年間33,000円
・電気代	1カ月約1,000円
・水道代	1カ月約2,000円
・庭木の剪定、草取り（シルバー人材センター利用）	年間約40,000円
・交通費（高速代、ガソリン代）	年間12回×約5,000円
年間合計	**約288,000円**

空き家を管理してくれるサービスの利用を検討

自分たちで実家の管理ができないときは、代わりに管理を依頼できる家の管理サービスの業者を利用することも考えてみましょう。費用は依頼する内容にもよるが、月額5000円〜1万円で頼むことができます。※100ページも参考に

②人が住まない「家」は風通しが悪くなり、朽ちていくのが速くなる

親の残した家は、木造建築でしかも築年数の経っている家がほとんど。日本の気候は高温多湿なので、換気を怠ってそのまま放置していると、家は朽ちるのが速くなります。それは外観も内部にもいえることです。

長期にわたって雨戸を閉めたままにしていると、風通しが悪くなり、部屋に湿気がこもります。木製部分の傷みが激しくなりやすいです。大雨が降ると天井や壁に雨漏りが発生して、天井や部屋の床が腐食してしまうことも考えられます。

家の外観についても、風で窓ガラスや雨どいが損傷したり、外壁の塗り替えをしないでいると劣化が激しくなります。また、水道を使わないでいると排水管が乾燥して老朽化します。下水の臭いがそのまま部屋に充満することも考えられます。

動物が生息する地方の家では、白アリが発生したり、ネズミなどの動物が棲みついてしまうこともあります。マンションの部屋を空き家にするよりも、戸建ての家のほうが家の劣化の速度が速いといえます。

③ 不審者の侵入や放火、犯罪に巻き込まれ、治安を悪くする原因になる

長期間にわたり出入りのない「空き家」は、不法侵入や放火などの犯罪の温床になる危険性があります。

不法侵入者は、狙った家を遠くから観察し、「人の出入りはあるか」を判断しています。昼間でも雨戸が閉まっているか、庭木の手入れがされずに敷地外にまで伸びているかなどもチェック。さらに、ポストのチラシが外にあふれ出していれば、家が「空き家」だと判断します。

悪質なのは、放火やタバコの投げ捨てによって火事になることです。これは、近隣の住宅をも巻き込む恐れがあります。

ほかにも、勝手に人が住みついて「空き家」が犯罪の温床となり、知らないうちに犯罪に巻き込まれることも考えられます。そうなると、地域の治安の悪化につながり、悪い噂のターゲットに。実家の売却をしようとしても、スムーズに運ばなくなってしまうのです。

不審者の侵入や犯罪を防ぐ対策としては、まず施錠をしっかり行ないます。玄関や

勝手口には複数の鍵をつけ、窓には補助錠を取り付けて、他人が簡単に侵入できないようにします。子どもたちが定期的に家を訪問して手入れを行ない、きちんと管理しているように見せることも大事です。庭の花壇に花を植えて咲かせるようにしたり、木々の剪定をこまめに実施して、家の周りをきれいに整えます。ポストのチラシ類は、訪問したときに忘れずに捨てて溜まらないようにすれば、犯罪に巻き込まれるリスクは低くなります。

遠方でなかなか実家を訪問できない場合は、１００ページで紹介する空き家の管理サービスの業者を利用することもできます。

④庭に雑草が生えたり、樹木が隣との境界を越え、近隣に迷惑をかける

「空き家」物件の多くは、戸建ての庭付き物件です。庭がある場合、庭の樹木や雑草の手入れができていないと荒れ放題になってしまいます。

困るのが隣家との境界を越えて樹木の枝が伸びてしまうこと。伸びた枝が隣家の日照を遮ったりしてしまうことが考えられます。樹木に害虫が発生してしまえば、害虫駆除を行なう必要も出てくるのです。また、樹木の落ち葉が家の周りの道路や溝に散乱することもあります。掃除をする人がいなければ、排水が詰まることになります。

そうならないために、樹木の剪定や雑草取りなどは春と秋の2回、シルバー人材センターにお願いをする方法があります。費用面は1年で4万円程度になります（30ページ参照）。この金額には、剪定した枝や雑草などを廃棄する料金も含まれていて、自分でゴミ集積場に持って行かなくてもすみます。子どもたちが定期的に実家に通い、家の中の換気や点検、掃除などを行なうだけでもかなりの時間を取られます。樹木の剪定や雑草取りまでは手が回りにくいので、空き家に行く日に合わせてシルバー人材センターに依頼することで、庭をきれいに保つことができます。

⑤災害時に賠償金を支払うことになる恐れがある

「空き家」を管理する子ども世代が遠方に住んでいると、災害に遭ってもすぐに対応できません。たとえば、地震や台風によって実家が「屋根の瓦が落ちる」「窓ガラスが割れる」「ブロック塀が倒壊する」などの被害を受けることが予想されます。家の窓ガラスが割れて通行人にケガをさせてしまう、瓦が落ちて隣家の窓ガラスを割ってしまうなどの事態が発生することもあるのです。そのような場合は「空き家＝実家」の所有者に損害賠償が請求されます。

もしも火災が発生して隣家を延焼させてしまったら、一般的には過失であれば、法律上の賠償責任は問われません。しかし、「火災防止のための対策をしていない（＝管理不全）」と賠償責任を負うことがあります。裁判で争われることもあり、家の所有者は賠償金の心配だけではなく、心理面の負担も背負うことになります。

遠方に住んでいてすぐに実家を確認に行けない人は、空き家の管理サービスの業者（100ページ参照）と契約しておけば、災害時でも家の状況の確認などの対応ができます。

⑥ゴミ放置や不法投棄をされるリスクがある

「空き家」を管理しないでそのままの状態で放置していると、庭にゴミを不法に投棄されるリスクが高まります。

手入れされていない「空き家」の庭は、樹木や雑草が生い茂り、外からゴミが投げ込みやすくなるからです。ひと目で人が住んでいないとわかるため、ゴミを投げ込む場面を目撃される心配もありません。投げ込まれたゴミは発見されずに、そのまま放置されることになるのです。一つでもゴミが置いてあると、「この家にゴミを捨ててもいいのだろう」と思う人が次々と現われ、ゴミを投げ込んでいきます。増えてしまったゴミは家の景観を損ない、家の劣化を進行させます。

一度ゴミが増えてしまうと、異臭や害虫が発生するリスクも高まって、近隣の住民に迷惑がかかります。さらに不法投棄が繰り返されることになり、やがて自治体から、「特定空き家」に指定される可能性もあるのです（24ページ参照）。そうならないために、「空き家」の庭の手入れを定期的に行ない、庭や家のメンテナンスをしながら外観をきれいに保つようにします。

⑦実家の管理を巡ってきょうだい間で争いになりやすい

今まで仲の良かったきょうだいでも、実家の管理や売却などを巡って意見が食い違うと、争いに発展する可能性があります。それは、「相続」問題や金銭が絡むからです。感情的になったり、考え方がどんどん違ってきたりしてきょうだい関係が悪化し、修復ができなくなることもあります。

実家の処分できょうだい間に問題が発生して、連絡を取ることもできないほどこじれる前に、専門家に入ってもらって解決することも考えてみましょう。

「実家が空き家になってしまったらどうするか」、事前に専門家に相談して考えましょう。次のページから制度を取り入れながら説明していきます。また、第2～3章では実例や具体例で説明します。

7 実家（空き家）に住まなくなりそう…と思ったら早く方針を決める

子ども世代は相続した実家の活用法を早めに決めておくことが大事です。田舎の実家を売却しようとした場合、よほど良い条件がそろわないと、高い価格で売れないことや買い手がつかないことが多いのです。実家をどのように活用するのか、大きく2通りの選択肢があります。1つ目は「保有する」、2つ目は「手放す」という選択です。

1つ目の「保有する」場合は、交通や買い物に便利な場所であればリフォームを施し、子ども世代がそのまま「自分で住む」ことができます。また、保有したまま他人に「賃貸」に出せば、賃貸料を収入として得ることも可能です。

2つ目の「手放す」場合は、家と土地の両方を「古家付きで売却」したり、家を解体し「更地にして売却」する方法があります。ほかに、令和5年から、お金を払って土地を「国に引き取ってもらう」制度も始まります（101・125ページ参照）。

第2章で詳しく説明しますが、子ども世代はあらかじめ実家の活用法を考えておくことが大切です。

8 親亡き後、実家の分け方は制度を利用する

親が亡くなると、「相続」問題が発生します。両親ともに亡くなり、子どもがいる場合は、残された親の財産は子どもが引き継ぐことになります。実家（親の家）も財産の一つですから相続の対象になります。

実家の対処について、きょうだい間で意見が一致するとは限りません。相続する資産が〝家だけ〟で現預金が少ないと、さらに揉めごとが起こりやすくなります。

一度揉めると、「相続」が「争族」を引き起こします。家庭裁判所の遺産分割調停や遺産分割審判の件数は、不動産を含むケースが多いのです。不動産である家の分け方は、「現物分割」「代償分割」「換価分割」「共有」の４つがあります。揉めごとに発展しやすいケースを紹介します。

ケース1 親と同居の子どもが住んでいる場合、「代償分割」と「換価分割」を考える

親と同居をしていた子どもは、両親が亡くなった後もこのまま家に住み続けたいと思っています。自分が実家を相続して、実家を出ているほかのきょうだいに対して、〈不動産の価格〉は、相続評価か実勢価格できょうだいの持ち分を現金で支払う「代償分割（127ページ参照）」を選択したいと考えています（左ページ上図参照）。この場合、実家を相続する子どもは、ほかのきょうだいに支払うお金が必要になります。預貯金などでその金額を準備できるかどうかが問題になってきます。きょうだい間で話し合って実家を売却すると決めた場合、実家を売却し、現金に換えて、それをきょうだい間で分配する「換価分割（128ページ参照）」になります（左ページ下図参照）。けれど、実家を売却したくない相続人が1人でもいると行なえません。このまま実家に住み続けたいと思う子どもと現金化を希望するきょうだい間で「売る」「売らない」の意見が合わなくて争族に発展することもあります。

ケース2 地方の実家を誰も相続しない

相続する実家が地方にある場合、売却が困難なことが多いはずです。特に交通の便が悪く、不動産会社に売却を依頼しても買い手が付かない実家は、処分に困ることが少なくありません。売却できないため、家を維持するための固定資産税を負担しなければなりません。きょうだい間で誰も実家を相続したがらずに押しつけ合いが起きて、問題を先送りにし、揉め続ける原因になります。

また、近くに住んでいる親戚が、世間体を気にして売却に反対することも……。実家の取り扱いについて、なかなか話し合いが進まないことがあります。

「代償分割」は金銭で代償する

きょうだいの1人が実家を相続する。不動産価格を算出し、ほかのきょうだいに相続分に応じた金額を支払う。

「換価分割」は売却金を分配する

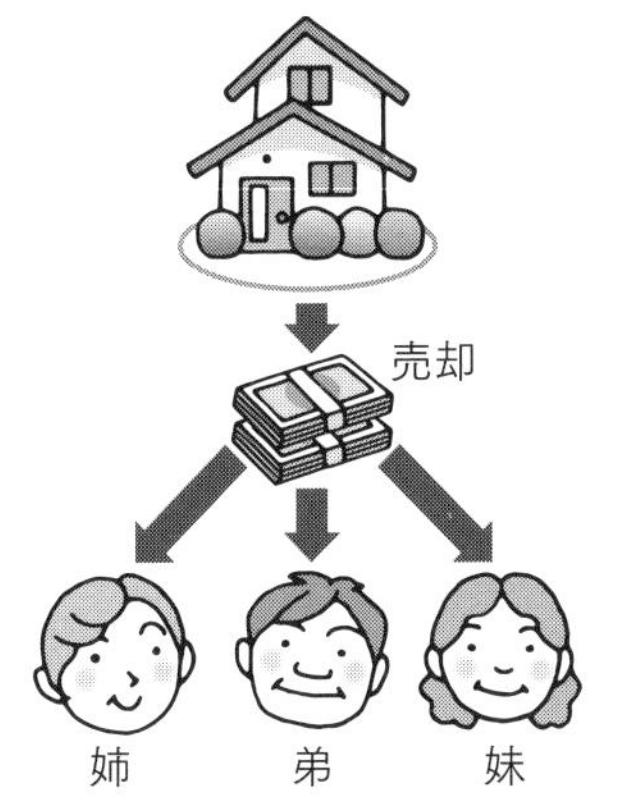

実家を売却して手に入れた現金をきょうだい全員で分ける。

ケース3 「共有」や「現物分割」にするとデメリットが大きい

「売却するか」「賃貸に出すか」を検討するための時間稼ぎという軽い気持ちで、きょうだい（相続人間）で「共有（128ページ参照）」するケースがあります（左ページ上図参照）。この場合は、将来、売却するにも賃貸に出すにも相続人全員の同意が必要になり、きょうだい間で意見が食い違うと、実家の処分で揉めて「争族」に発展することになります。

ほかにも、土地自体をきょうだいで分ける「現物分割（128ページ参照）」の方法があります（左ページ下図参照）。しかし、土地が狭い場合は分割するとさらに土地が狭くなってしまい、利用方法が限定されるため、土地の評価額が下がることになります。地域によっては、最低敷地面積を下回る場合は分割できないこともあります。また、家が建っていると、家は分割することができないため、建物を解体して、土地を分割することになります。

きょうだい間で不動産を分ける場合は、実家を売却して、そのお金を公平にきょうだい間で分ければ争いごとにならずに済みます。

なるべく、争族を避けるためにも、親が元気なうちに「家をどうしたらいいのか」について、子ども世代と親が一緒に話し合っておきます。

38ページでも触れたように実家を「保有」するのか、「売却」する（手放す）のか、を事前に決めておけば、前もって準備を進めることができます。いざというときでも、スムーズに対応できるでしょう。

「共有」は名義を共有する

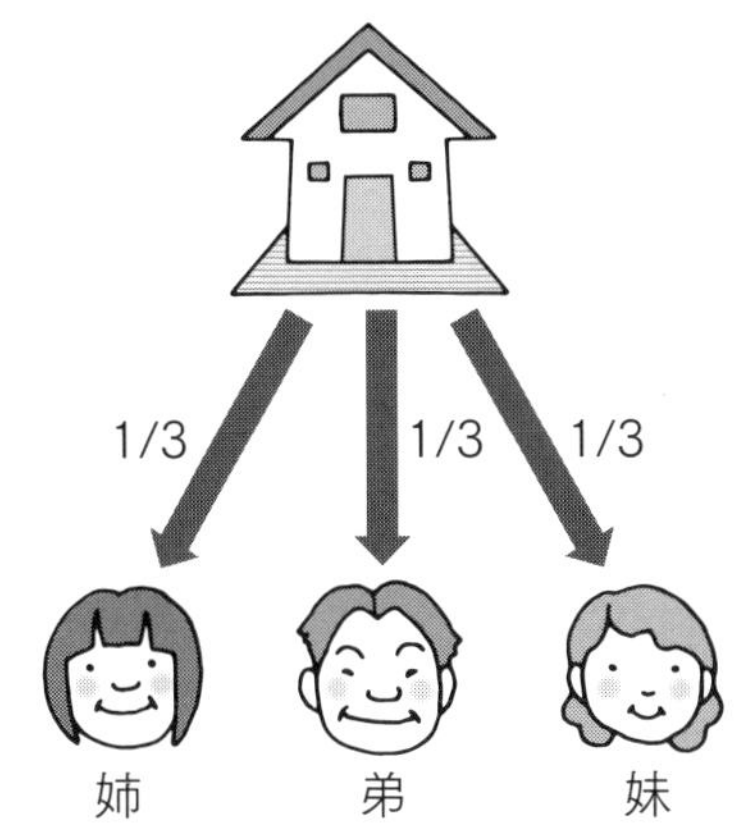

実家を共有名義にする。持ち分は協議で決めても、法定相続分通りでもかまわない。

「現物分割」は不動産を分ける

家は分割して相続することはできない。土地は分けられるが、狭い土地は分割できないことがある。

9 生前に家を継ぐ人が決まったら「生前贈与」と「相続」

生前に実家をどうするか、家族で話し合いをするときに「相続」のほかに「生前贈与」を選択する方法もあります。「生前贈与」をするメリットは、親が元気なうちに、親の意思で家を譲ることができることです。ただし、注意点もあります。子ども全員でなく、あげる子どもにだけ話をして贈与すると、逆に相続の際の揉めごとになる点です。生前贈与をする場合も子ども全員に話をして行ないましょう。

さらに、注意すべき点は「贈与税」です。「贈与税」は「相続税」に比べて税率が割高になっています。実家の不動産評価額によっても変わってきますが、実家を贈与すると、相続税と比べて税額が高くなりがちです。

そのようなときは、国の制度である「相続時精算課税制度」の利用を検討します(左図参照)。この制度を利用すると、累計2500万円までの生前贈与には贈与税がかかりません。財産を先にもらったという形になりますが、譲り受けた財産は親が亡くなったときに相続財産として加算されます。

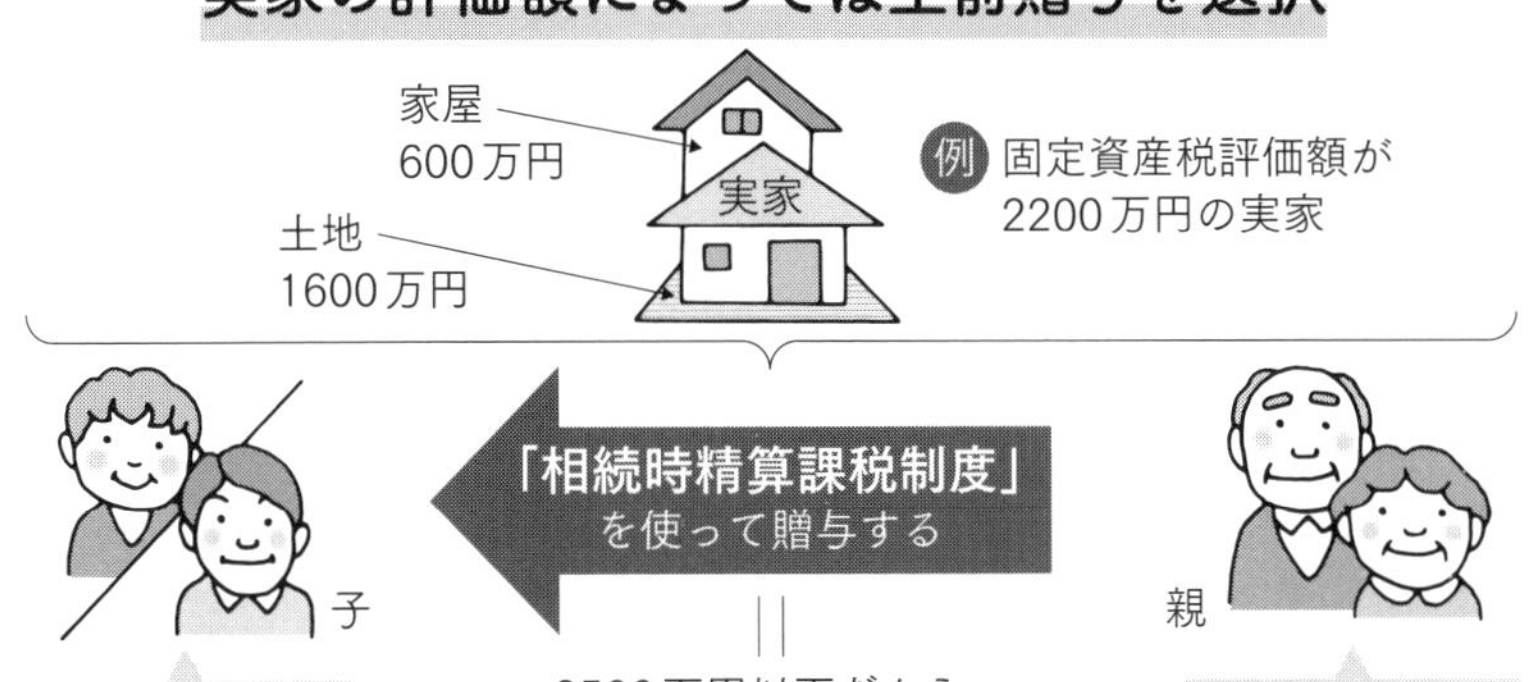

親から子どもへの2500万円以下の贈与なら、相続時精算課税制度を利用することで、贈与税をかけずに生前贈与ができる。

都市部にない家の場合など、評価額が２５００万円を超えないときは、この制度を検討してもいいでしょう。ただし、これは生前贈与の総額で、このほかにも贈与する財産があり、累計で２５００万円を超えてしまうと、超えた分に関しては20％の贈与税が発生します。

「相続時精算課税制度」は、利用の翌年に税務署への確定申告が必要になります。この制度を利用したいと判断したら、制度を使うときの細かい条件などを事前に専門家に相談すると、安心して利用できます。なお、贈与税は課税されませんが、登録免許税、不動産取得税が必要になります。

10 生前に家族で方針が決まったら、「遺言」や「家族信託」を活用する

両親が高齢になったり、認知症になったりしたときのトラブルを防ぐための方法の一つに「家族信託（126ページ参照）」の活用があります。「家族信託」を利用すれば、贈与税や不動産取得税がかからずに、家の名義を親から子どもに、スムーズに移すことができます。「家族信託」では、親が依頼する「委託者」となり、子どもが依頼を受ける「受託者」とする信託契約を結んでおくことで、子どもに不動産の管理を任せることができます。自分が亡くなった後の家の所有者を子どもに指定しておくことも可能です。「家族信託」の内容は、遺言書と同じ効力を発揮します。

「受託者」は、契約書の作成やさまざまな事務処理が必要なので、時間と手間がかかります。専門的な知識をもつ専門家に依頼しましょう。アドバイスしてもらう際は、専門家に支払う報酬が発生します。

親が「家族信託」を結び、自分が亡くなった後の実家の所有者を決めて契約書に記しておけば、家を「空き家」にすることも少なくなります。ただし、気をつけておき

たいのは、その信託が終了した後、空き家を売却する場合、税の優遇が受けられなくなることもあります（２０２２年12月 東京国税局の回答より）。

●もし親が認知症になってしまったら…

「遺言（付言事項）」や「生前贈与」「家族信託」を活用して、親が亡くなる前に対策を取っておくことで、きょうだい間で揉めずに、スムーズに「実家じまい」を行なうことができます。

では、親が「認知症」などの病気になってしまったら、どうしたらいいのでしょうか。認知症は認知機能が低下してしまう病気で、物事の判断能力の欠如が見られます。このような場合は、家庭裁判所が選んだ「成年後見人」と契約することで、本人に代わって実家や財産の管理業務を委ねることができます（１２６ページ参照）。

子どもが親の成年後見人になることを希望する場合は、親の居住地を管轄する家庭裁判所に必要な書類をそろえて提出し、申し立てを行ないます。裁判所は、候補者が何人かいるときは面談をして、本人や申立人などの意見も聞きながら適任だと思われる人を成年後見人として選任します。ただし、弁護士や司法書士など、候補者以外の人が成年後見人に選ばれることもあります。

子どもが成年後見人に選任されれば、実家を「賃貸に出す」など活用法を考えることができます。けれども、成年後見人になってもすべて自由に取り仕切ることができるわけではありません。基本的に家庭裁判所の許可が必要になります。

実家の管理に関して「親の利益になるのか」を考えながら対策をとらなければ、許可が下りないことがあります。たとえば、賃貸で得た家賃収入を「きょうだい間で分ける」「孫の学費に充てる」などの行為は、許可が下りないケースです。

また、成年後見人に弁護士や司法書士などの専門家が選任された場合は、毎月、報酬を支払う必要があります。成年後見制度は途中でやめられず、親が亡くなるまで続くため、報酬も支払い続けなければなりません。制度を利用する前に、よく検討することが大事です。

親が認知症になったら、最初に実家の近くにある「地域包括支援センター」に相談してみましょう。専門知識がある相談員の方が、状況に応じた対処法を紹介してくれます。ただし、実家のことや相続については対応が難しいため、不動産や相続に強いファイナンシャルプランナーや信頼できる専門家に相談してみてください。

第2章

「実家じまい」の問題はこうして解決する

1 親が亡くなった実家を空き家にしないために

第2章では、子どもたちが「実家じまい」を行なうときに知っておきたい基本的な知識について触れていきます。実家を活用するさまざまな方法の中から、事前に「実家じまい」の対策を考えておきましょう。親が亡くなり、今まで住んでいた家、つまり「実家」が空き家（国土交通省の定義では「概ね1年以上利用実態がない〝使用されていない住宅〟のこと）になったとき、そのまま何もしないで放置してしまうと、第1章で触れたようなリスクを抱えることになりかねません。早めに空き家対策を行なうことが大事です。その前に相続人である子どもたちは、次のようなことを行なっておくと、実家を活用するときにスムーズに進められます。

①実家の部屋の中（蔵や物置なども）を片づける
②実家の基本情報を子どもたちが把握する
③実家の名義を誰にするのかを決めて、名義変更をする
④隣家との境界を確認しておく

①実家の部屋の中（蔵や物置なども）を片づける

親が亡くなったら、最初に部屋の中を確認して親の遺品の片づけを行ないます。大量の家具や日用品、家電、服などが残っていますので、片づけを行なうときは自分1人でやろうとせずに、できれば日時を決めて、きょうだいや親戚が集まって片づけるようにしたほうがいいでしょう。片づけで出たゴミは、実家の自治体のゴミ出しルールに従い、捨てるようにします。量が多いからといってそのまま庭に放置してしまうと、不法投棄を招く原因になりかねません。自治体によっては、清掃センターに持ち込んでまとめて処分ができることもあります。事前に確認しておきましょう。そのほかの方法として、不用品回収業者に有料で引き取りを依頼することもできます。不用品回収業者を探すときは、自治体のホームページに記載されている不用品回収業者のリストから選べば、不当な料金を請求されることなく処分ができます。大型家電である冷蔵庫、テレビ、エアコン、洗濯機は、自治体指定業者や家電量販店に引き取りに来てもらうか、自治体の指定引き取り場所に持ち込みます。まだ使えそうな家電なら、リサイクルショップに買い取りを依頼すれば、買い取り料金を手にすることができるでしょう。フリマサイトの利用も検討できます。

②実家の基本情報を子どもたちが把握する

実家を活用する前に、実家の基本情報を集めて現状を把握することも必要です。最初に「固定資産税」を確認します。

固定資産税とは、土地や家屋などの固定資産を持っている人にかかる税金で、1月1日時点で固定資産課税台帳に所有者として登録されている人が支払います。地域によっては、さらに「都市計画税」がかかるところもあります。実家を相続すれば、自分が住んでいなくても、この2つの税金を支払わなければいけません。実家の税額を知っておくことは大事です（納付書は1枚でも2つの税金の合計になります）。

実家の家屋や土地にどれくらいの価値があるかを知りたいときは、毎年4月に自治体から送られてくる「固定資産税課税明細書」を確認します。「当該年度価格」あるいは「評価額、価格」の金額を見れば、実家の家屋や土地のおおよその価値がわかります。

次に「登記情報」を確認します。登記情報とは「登記事項証明書」に記載されている実家に関する情報のことです。土地の所在や面積、家屋の所在や構造、所有者の移り変わり、借地権や抵当権の設定などがわかります。

登記事項証明書の入手はインターネットが便利

インターネットで閲覧・請求する
登記情報をインターネット上で閲覧したり、登記事項証明書の請求ができる。

法務局に行く
最寄りの法務局（登記所）に行き、窓口で閲覧や取得をする。

郵送で申請する
申請書に記入し、収入印紙と返信用封筒を同封して法務局に郵送する。

インターネット上で登記情報を確認
登記情報提供サービス
www1.touki.or.jp

登記の申請、登記事項証明書の申請
登記・供託オンライン申請システム
https://www.touki-kyoutaku-online.moj.go.jp

登記事項証明書を確認するには、以前は法務局（登記所）に出向いて窓口で閲覧や取得をしたり、郵送で取り寄せることが一般的でしたが、最近では登記情報がデータ化され、インターネット上で閲覧したり、インターネットから登記事項証明書の請求ができるようになりました。

親の生前に子どもたちが登記情報を把握しておくことで、将来、起きる問題を事前に把握したり、実家の売却や賃貸を行なう際の準備を円滑に進めることができます。

③ 実家の名義を誰にするか決めて、変更をする

親が亡くなって誰が相続するのか決まったら、親の名義のままにしないで、子どもたちが法務局に申請して、名義変更を行ないます。これを「所有権移転登記（136ページ参照）」といいます。この登記を行なうのは、これまで任意でした。ただ登記を行なわないと、実際の所有者は子どもなのに、実家の登記上の所有者は親ということになってしまいます。名義変更が完了していない物件は、売却や賃貸に出すときに敬遠されることがあるので、登記を移転することを忘れずに行ないましょう。

実家の名義をどうするのがよいかを悩んでいる方は多いと思います。そのためにも早めに相続人間で話し合ったり、専門家に相談して、実家の名義を誰にするか決め、登記の申請を早めに行なうようにしましょう。なぜなら実家は、誰かが登記を変更するまでは、相続人であるきょうだい全員が所有権をもっている共有状態になるからです。もし、名義変更ができていない間にきょうだいの誰かが亡くなると、所有権はその子どもである孫に引き継がれていき、関係する人の数はどんどん増えてしまいます。年月が経過してから登記を行なおうとしても、全員の承諾を得なければならないので、時間も手間もかかることになります。これが、空き家の処分をますます長引か

せる理由にもなるのです。そのような事態を避けるためにも、親が亡くなってからできれば１年以内には登記を行なうようにしましょう。

２０２４年４月からは、これまで任意だった相続登記が義務化されます。

「所有権」の移転登記の流れは左図のようになります。必要な書類を取り寄せて申請書を作る作業は一般的に司法書士などの専門家に依頼することになりますが、子どもたち自身で行なうこともできます。

所有権の移転登記の手順

❶ 登記の変更に必要な書類の収集・作成

印鑑証明書、戸籍謄本などの必要書類を集め、申請書に記入をする。

司法書士に依頼する方法もある

❷ 法務局に提出

実家（空き家）がある地域を管轄する法務局に提出する。

❸ 法務局で審査

申請内容に不備がないか、詳細に確認される。

❹ 登記完了！

新たな名義人に「登記識別情報」という12文字の英数が通知される。

④ 隣家との境界を確認しておく

登記情報の確認と同じように大切なのが、「土地の境界が明らかになっているか」を確認することです。

実家の土地の境界に、コンクリートや木材などで作られた「境界標」があるはずです。それがどこにあるか、子どもたちで確認しておくようにしましょう。

実家が一戸建てで、古くから住んでいるような場合は要注意。隣家の土地との境界に塀や垣根などがないことがよくあります。境界があいまいになっていることが少なくないからです。また、境界標が長年のうちに紛失したり、土の中に埋没してしまい、境界がわからないこともあります。

昔から隣家と良好な付き合いをしていれば、境界がはっきりしていなくても問題なく確定できると思いますが、そのまま境界をあいまいにしておくと、隣家とトラブルに発展することも考えられます。境界が確定していない物件は通常よりも安い価格でしか売れないこともありますので、注意しましょう。空き家を売却するときは、不動産会社から隣地との境界を測量した「確定測量図」を求められます。

ですから子どもたちは、費用はかかりますが、土地家屋調査士に測量を依頼し、確定測量図を作っておくことが大事です。隣地の所有者に立ち会ってもらい境界の確認をしなければならないこともあるため、早めに済ませておかないと、予想外に時間を取られることになります。たとえば、亡くなってからの測量は、本人がいないために境界の位置で揉めて不利になることが多く、きちんと境界を主張できないことがあります。親が元気なときであれば、測量費用分の金融資産＝遺産が少なくなるので、生前に行なっておくのが望ましいです。先に隣家が売却、建築等を行なう場合、確定測量図への署名、押印、印鑑証明が求められることがあります。「確定測量図」「隣地との筆界確認書」は所有者が代わっても有効なので、大切に保管しましょう。

　たとえば、子どものAさんは、実家を売りに出したところ無事に買い手が見つかり、その後、測量を行なおうとしました。しかし、隣地の所有者とAさんの両親は、以前から折り合いが悪かったらしく、Aさんが頼んでもなかなか立ち会いに応じてくれませんでした。また、反対側の隣地は空き家で、所有者を探し出すのに時間がかかり、通常は1、2カ月で終わる確定測量が半年もかかってしまいました。このようなリスクがあるため、境界が確定しているか、早めに確認しておくことが大事です。

2 用件によって相談する専門家は違う

実家の家じまいについてわからないことや悩みがあるときは、子どもたちだけで解決しようとせずに、専門家に相談するのも一つの手です。考えている活用方針がベストなのか、ほかに方法がないか、税が安くなるかなど、実家の活用の方針がはっきり決まっている場合と、あいまいな場合では、相談先が異なります。

実家の活用の方針がはっきり決まり、解決すべき課題も見えているときは、その分野に詳しい専門家に相談するのが近道です。たとえば、相続登記や遺言、成年後見などの相談は「司法書士」に依頼します。相続人同士やご近所とのトラブルであれば「弁護士」、税務のことは「税理士」に、土地の境界確定や未登記の物件などの相談は「土地家屋調査士」になります。

相続や空き家問題は所有している不動産、相続人の人間関係、相続税や譲渡税等の税金など複雑なことが多いので、先に問題を整理して優先順位を考え、方針を決定することが大切です。

方針があいまいな場合は、相続や空き家問題に詳しいファイナンシャルプランナーに相談し、信頼できる専門家へつないでもらいましょう。その後の作業がスムーズに運びます。

行政の空き家対策窓口に相談する方法もあります。

また、家の売却や賃貸に出す予定があるときは、不動産会社に相談することもできます。遠方に住んでいて実家の管理のために頻繁に通えないときなどは、空き家の見守りや管理サービスを行なう業者に相談して、管理を依頼する人もいるようです。いざ、相談しようとしても、本当にその人に任せて大丈夫なのかと不安を感じることがあるかもしれません。不動産会社の探し方で安心できるのは、実家を売却した経験のある信頼できる知り合いに紹介してもらう方法です。紹介された不動産会社も「○○さんの紹介だから」ということで、誠実に対応してもらえる可能性が高いといえます。

相談前に、その専門家の実績や公的な資格などを確認しておくようにしましょう。実際に会ってみて、自分がコミュニケーションを取りやすいと感じる相手を選べばスムーズに進められます。

3 空き家対策に自治体の支援制度がある

年々増加する空き家への対策として、活用や解体がスムーズにできるように、自治体にはさまざまな支援制度があります。

その一つに「リフォーム助成」という空き家改修工事等補助金制度です。たとえば、埼玉県坂戸市では空き家の「改修工事（リフォーム）」に対して、費用の一部を補助してくれます。市内で1年以上空き家になっていた一戸建てが対象。補助金の額は経費の2分の1で最高40万円です。耐震基準を満たしていることが条件となっていて、改修後はその家に申請者自身が5年以上住む必要があります。

自治体によっては、このような「リフォーム工事」あるいは「空き家の解体工事」に対して補助金を出してくれる場合があります（129ページ参照）。利用できそうな補助金制度があるかどうか、実家がある自治体のホームページや役所の窓口で確認してみましょう。ただし、助成を行なっているかどうかは自治体によって異なり、補助金の額、条件などもさまざまです。

自治体が費用の一部を助成してくれることも

除却助成

特定空き家に指定された空き家、将来指定される可能性のある空き家を解体して更地にする場合に、補助金が出る場合がある。

リフォーム（改修工事）助成

空き家に自分で住んだり、賃貸や売却の目的でリフォームをする場合などに、補助金が出る場合がある。

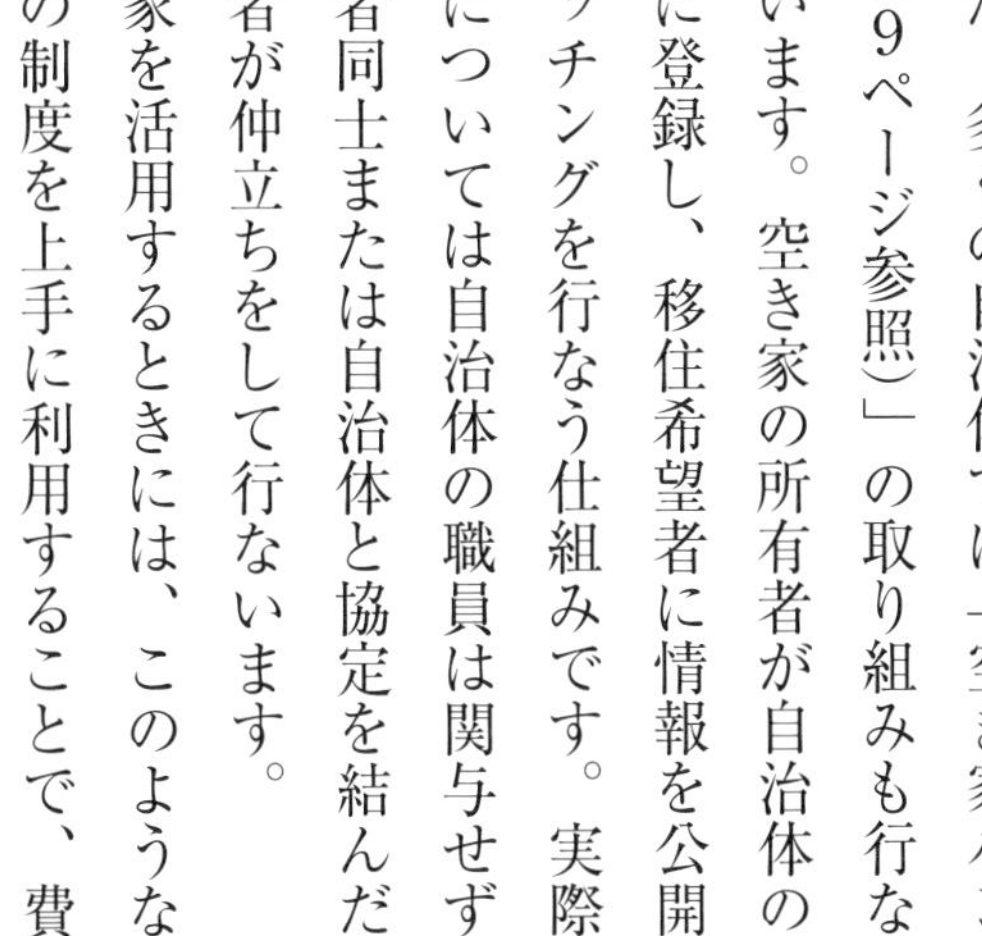

また、多くの自治体では「空き家バンク（129ページ参照）」の取り組みも行なわれています。空き家の所有者が自治体のサイトに登録し、移住希望者に情報を公開してマッチングを行なう仕組みです。実際の契約については自治体の職員は関与せず、当事者同士または自治体と協定を結んだ宅建業者が仲立ちをして行ないます。

実家を活用するときには、このような自治体の制度を上手に利用することで、費用の負担を抑えられます。

4 実家をどのように活用するか決める方法

実家が空き家になったとき、子どもたちはどのように活用したらいいか決められないことがあります。そんなときは左ページのチャートで3つの質問に答えてみます。質問の1つ目は実家を自分自身で「持ち（続け）たいか？　持ちたくないか？」という「保有意識」についてです。2つ目は、「使い（続け）たいか？　使いたくないか？」という「利用意識」についてです。そして、3つ目が「他人が使えるか？　使えないか？」という「利用可能性」についてです。3つの質問によって「実家をどのように活用したいか」という自分の思いが明確になるので、活用方針が立てやすくなります。そして、この3つの質問に答えながらチャートを進めていけば、次の5つの活用法の中から自分にぴったりな方法を選ぶことができます。

1つ目は「賃貸」に出すことです。その場合は、家の中を片づけて家財を処分し、リフォームを行ないます。2つ目は「売却」です。不動産会社に仲介を依頼したり、業者に買い取ってもらう方法があります。維持管理がなくなり、現金が手に入りま

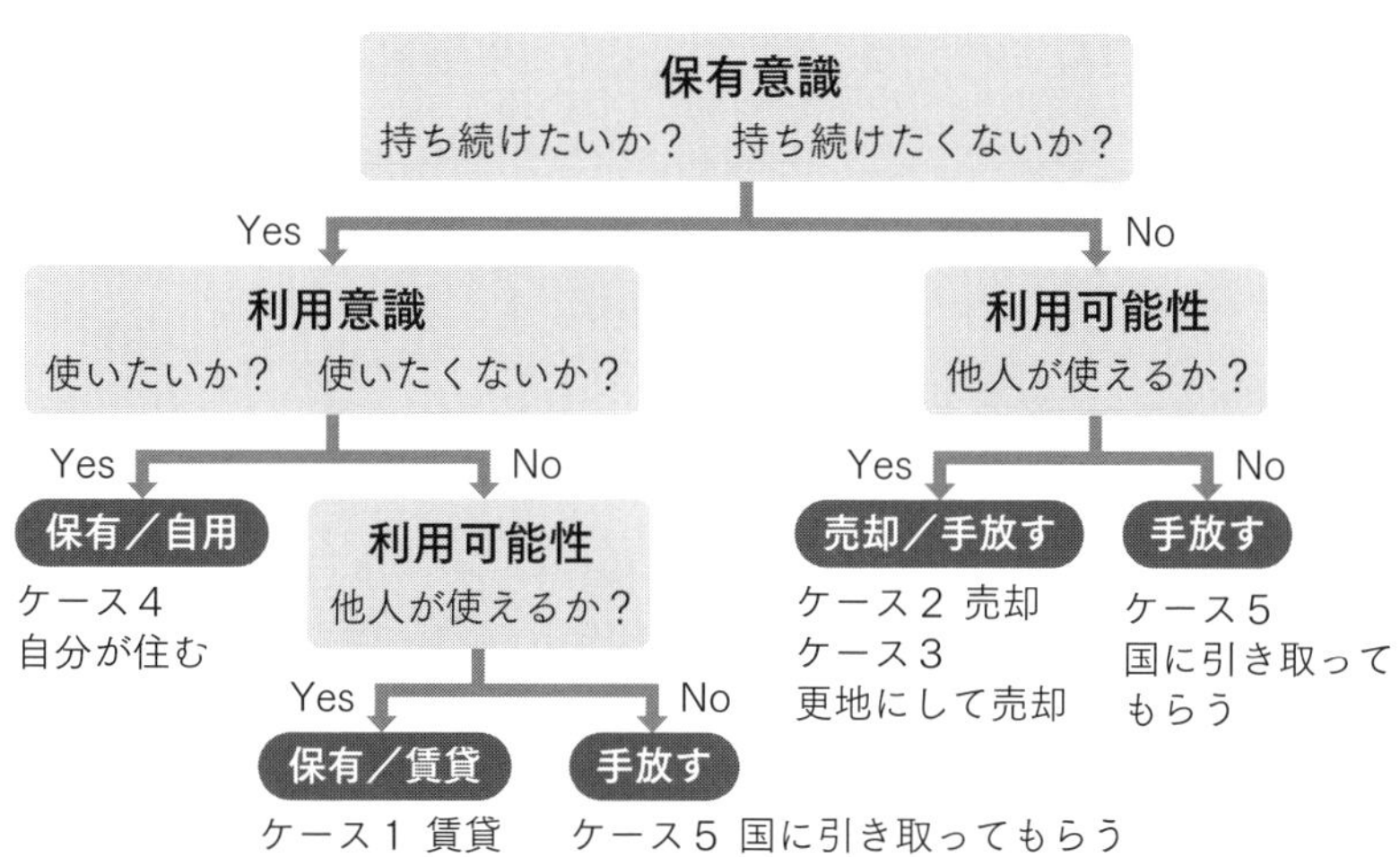

す。３つ目は「更地にしてから売却」です。家を解体して更地にしてから売却します。解体費用がかかり、土地が売れなければ固定資産税が上がるので慎重に進める必要があります。４つ目は「自分（子ども・孫）が住む」です。築年数が長い家では、住むためにに耐震工事や場合によっては建て替えやリフォームをしなければならないことがあります。５つ目は「国に引き取ってもらう」という方法です。相続で取得した土地を国が引き取ってくれる新しい制度で２０２３年４月27日施行されます。

この５つの活用法については、66ページから詳しく紹介します。

5 実家や周辺の将来性を見極める

実家の活用方法を決めるときに、考慮しなければならないことがあります。それは、周辺の環境が将来どのように変化するか、という点です。

今後は日本の人口は減少していきます。国土交通省が公表している「国土のグランドデザイン２０５０」によると、現在の日本の居住地域のうち、６割以上の地点で、２０５０年になると人口が半数以下に減少します。しかも、その中の約２割の地点は、誰も住んでいない状態となって、地域が消滅すると予想されています。

それでは、どのような場所で人口の減少が起きやすいのでしょうか。

左ページの図のように、役場や支所などに近い街の中心部は、ある程度の人口が保たれますが、役場や支所などから距離が離れるにつれて人口は減少傾向となります。実家の周辺に、今のところは住宅が立ち並んでいたとしても、２０５０年になるとその地域が消滅している可能性があるのです。

人口の減少と高齢化が進むことによって、地域の産業は衰退に向かうと考えられま

役場や支所から離れるにつれて人口が減少する傾向に

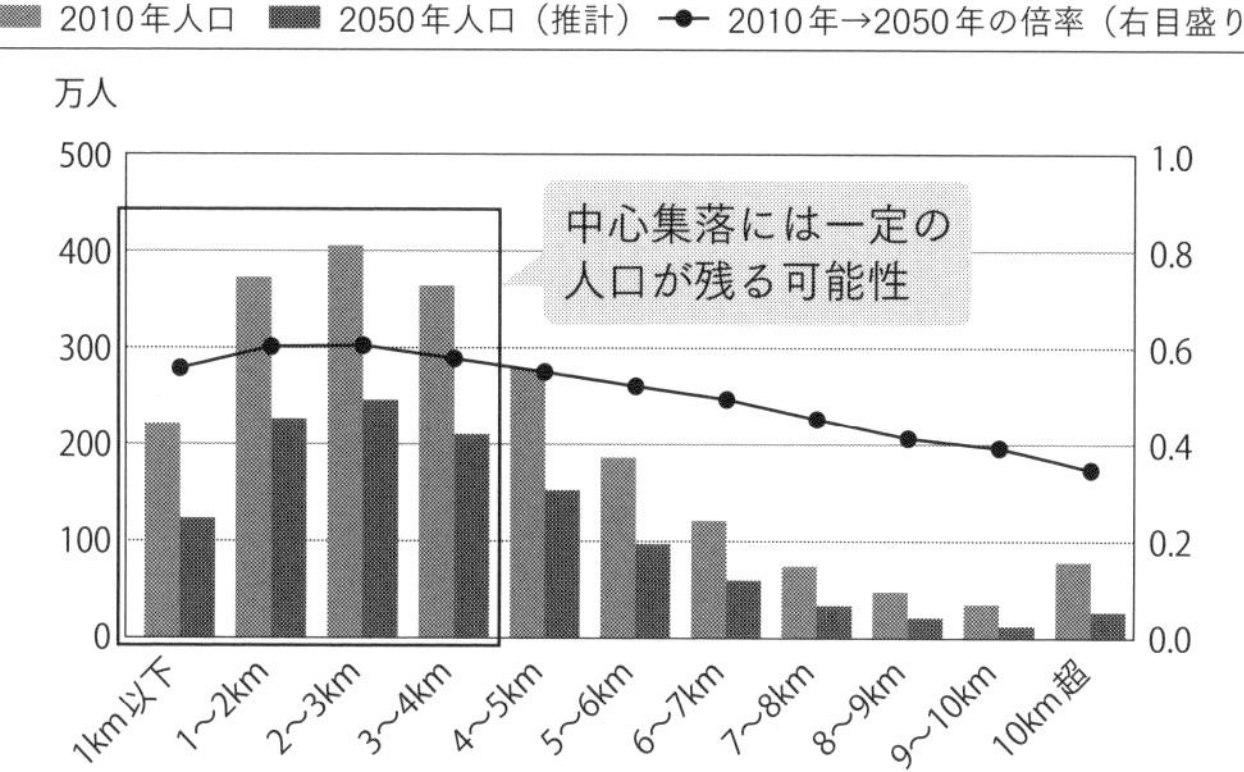

役場や支所からの距離別の2010年と2050年の人口を比較すると、役場や支所から距離が遠くなるにつれて人口の減少率が大きくなる。

出典：国土交通省「国土のグランドデザイン2050概要」を基に作成

す。住民が広いエリアに点在して住んでいるような状態になれば、医療や介護など、生活を支えるサービスの継続も難しくなっていきます。そのため、国は地域内のいくつかのエリアに住宅地をある程度集約させ、限られた資源を集中的、効率的に使いながらコンパクトな街づくりを目指す「コンパクト＋ネットワーク」という取り組みを始めています。

実家の将来の価値が想定できれば、活用の方向性を決めるときに役に立ちます。そのためには、実家の周辺の地域が将来、どのように変わっていくかという観点からも検討してみましょう。

6 活用法①賃貸 実家を賃貸に出す

ここからは、62ページで触れた実家の5つの活用法について、1つずつ具体的に見ていきます。

最初は「賃貸」です。実家を保有したまま、子どもたち自身が住むのではなく、ほかの人に住んでもらうのが賃貸です。メリットは定期的に現金収入が得られることや、住む人がいることで自分で換気や水回りなどの維持管理をしなくても済むことが挙げられます。また、固定資産税は不動産所得の経費として計上できます。

反対に、賃貸に出すデメリットとしては、入居者がいなければ家賃が入らないこと、家賃滞納などのトラブルが起こるリスクがあること、リフォームやメンテナンスの費用がかかることなどが考えられます。

また、賃貸契約では貸主よりも借りる人の権利が守られるようになっています。73ページで詳しく触れますが、実際、実務上はほとんどが、貸主が賃貸を終了させたいと思っても、正当な理由がなければ退去してもらうことができない「普通借家契約

（１３４ページ参照）」です。しかし、空き家など条件の悪い物件の場合は利用が限られるかもしれませんが、現在は後から自分で使いたい場合などは、「定期借家契約（１３４ページ参照）」といって、期限を付けて貸す契約を交わすことが可能になりました。

実家を賃貸に出そうと考えたとき、左図のようないくつもの手順を踏まなければならず、何カ月もかかることがあります。自分が遠方に住んでいたり、きょうだい間で意見が割れたりすると、作業がなかなか進められず、さらに時間が経ってしまいます。その間にも家は劣化していき、物件としての価値が下がるので、すぐに行動に移すようにしましょう。

実家を賃貸に出すまでの手順

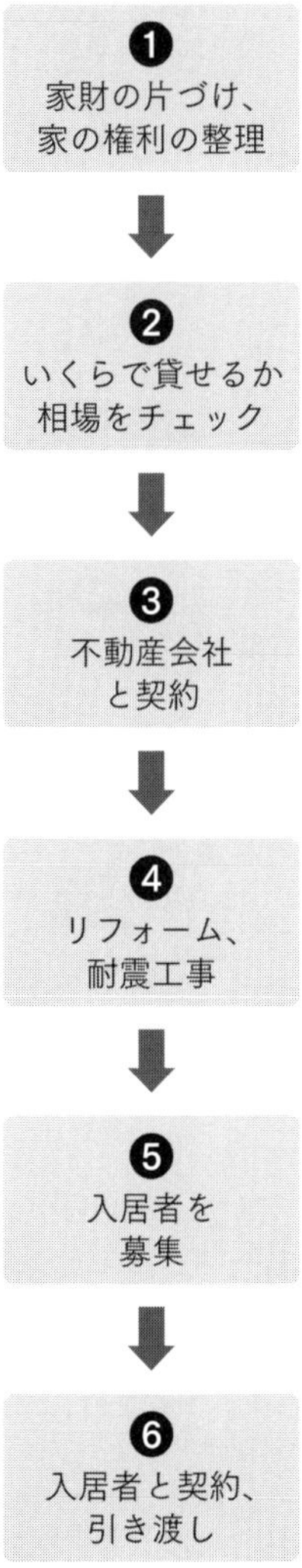

❶ 家財の片づけ、家の権利の整理
↓
❷ いくらで貸せるか相場をチェック
↓
❸ 不動産会社と契約
↓
❹ リフォーム、耐震工事
↓
❺ 入居者を募集
↓
❻ 入居者と契約、引き渡し

7

活用法①賃貸

賃貸に適した地域かどうか調べる

実家を賃貸に出すときは、まず、その地域に賃貸の需要があるかどうか、家賃の相場はどれくらいなのかを自分で調べてみることが大事。賃貸の需要が少ない地域では、借り手がつかないケースがあるからです。前項でも触れたように、現在の状況を知るだけでなく、将来的な見通しも立てるようにします。

実家に近い不動産会社の店舗に行って相談する方法もありますが、一番手軽なのはインターネットで調べることです。不動産情報のポータルサイトの「ＳＵＵＭＯ（スーモ）」「アットホーム」「ＬＩＦＵＬＬ ＨＯＭＥ'Ｓ（ライフルホームズ）」などを検索し、実家と同じような物件はどのくらいの件数が掲載されているかを確認したり、家賃はいくらぐらいなのかというおおよその相場を理解しておきましょう。

自治体のホームページを検索して、実家の周辺の人口推移を調べることも必須です。15年ぐらい前と現在とを比較し、人口が増えているのか減っているのかをチェックします。人口が増えている地域ならいいのですが、人口の減少が激しい地域は将

主な不動産情報のポータルサイト

ポータルサイト名	URL
SUUMO (スーモ)	https://suumo.jp
アットホーム	https://www.athome.co.jp
LIFULL HOME'S (ライフルホームズ)	https://www.homes.co.jp

※あくまで参考としてご活用ください。

来、過疎化するリスクがあるといえます。

さらに、実家が駅に近い立地なら、駅の乗降客数や中心となる商業施設の利用の状況などを確認します。反対に、駅から離れた郊外に実家がある場合は、付近に、ショッピングセンターやスーパー、公共施設など人が集まる場所があるかどうか、将来的に生活関連施設ができるかどうか、幹線道路に近いかどうかなどを調べてみましょう。実家は動かせないので、「本当にそこが賃貸できるか」も再検討しましょう。

賃貸の物件を選ぶときには立地が重視されるため、地域の需要(ニーズ)の調査が欠かせないことも覚えておくといいかもしれません。

8 活用法①賃貸 どのくらいの家賃で貸せるか判断する

賃貸に出す実家の家賃の設定に悩む人は多いようです。家賃収入で家計の不足分を補いたい、老後資金として貯めておきたいと思っている人もいれば、親が介護施設などに入所していて、介護費用に充てたいと考えている人もいます。今後の生活を考えながら、自分にとっての家賃の最低ラインを計算しておくことは大事です。

その一方で、実際にはどのくらいの家賃で貸すことができるか、見込み金額についても調べておきます。68ページで地域の需要を調べることの重要性について触れましたが、家賃を決めるときは、実家の築年数や家の状態、交通の便などを考慮します。

たとえば、一般的に築年数が古いほど家賃は下がります。夫婦向け、家族向けなど、広さや間取りによっても家賃は変わってきます。駅から徒歩園内にあるのか、バス利用なのかという立地も関係してきます。築30年で駅から徒歩5分の家と、築15年で駅からバスで20分の家を比較したときに、築年数が古くても駅から近い家のほうが借り手が見つかりやすいケースもあり、家賃の設定も変わります。

不動産会社に家賃を試算してもらうと、思ったよりも安い家賃を提示されることがあります。たとえば、空き家になっている実家を賃貸に出そうと考えたBさんは、少しでも高い家賃にしたいと思って月額で約12万円の家賃を希望しました。けれど、不動産会社から、10万円に金額を下げれば借り手が見つかりやすいと言われました。結果、Bさんは、「家賃収入を増やすこと」と、「家を空き家にしないこと」のどちらを優先すべきか考えて、「空き家にしないこと」を優先することにしました。そこで、不動産会社が提示した金額に近い10万５千円に家賃を設定したところ、無事に借主が見つかりました。

また、賃貸に出すときに忘れてはいけないのは、さまざまな費用がかかることです。最初にかかるのは修繕・リフォーム代金。家の状態によって、ふすまやクロスの張替え、水回りの修繕、屋根の吹き替えなどの費用がかかる場合があります。１９８１年以前の旧耐震基準で建てられている家は、耐震診断を受けて耐震工事が必要になります。家の中に荷物が残っている場合は、リフォーム前に整理しなければなりません。量が多いときは不用品回収業者に頼む費用もかかります。契約が成立したら不動産会社への仲介手数料も発生します。

それ以外にも左表のような経費がかかり、毎月の家賃で支出を回収していくことになります。どれくらいの期間で回収できるのかも含めて考えて、支出が多く採算が取れないと判断したら、賃貸をあきらめるという選択も考える必要があります。

空き家を賃貸に出した場合の収入と支出

収入		家賃
		礼金、更新料（最近は無料の場合が多い）
支出	一時的	家財道具の処分費用
		リフォーム、耐震工事
		仲介手数料（家賃の１カ月分を借主と折半）
		入居後の修繕費用（設備の修繕や退去時のハウスクリーニングなど）
	継続的	管理会社に支払う管理手数料（一般的に家賃の５％）
		固定資産税、都市計画税
		火災保険など

9 活用法①賃貸 「貸せるか」ではなく「借りてもらえるか」

「空き家」が増えている今、家を賃貸に出してもすぐに借り手が付く、という時代ではなくなっています。実家を「貸せるか」と考えるのではなく、「借りてもらえるか」という謙虚さを身に付けなくてはいけない時代なのです。最近は契約時の礼金や更新料が無料の物件も増えています。

賃貸借契約は、「借地借家法」という法律によって契約の期間や更新などを取り決めます。66ページでも触れましたが、「借地借家法」は借り手を保護する立場を取っていて、以前は貸主側からの中途解約は困難でした。家賃を滞納されたとしても、退去してもらうことが難しかったのです。貸主にとっては、「家を一度、貸してしまったら、もう戻ってこないのではないか」「自分が使おうとしても、簡単には使えなくなるかもしれない」と不安に感じることもあったようです。

しかし、２０００年からは、契約期間終了後に必ず退去してもらえる「定期借家契約」を結ぶことが可能になりました。契約期間を自由に決めることができて、契約期間が過ぎれば退去してもらえるため、貸主の権利が守られた契約だといえます。ただ、まだまだ実務上は少ないのが現状です。

最近、人気があるのは「ＤＩＹ型賃貸借」です。ＤＩＹとは日曜大工（Ｄｏ Ｉｔ Ｙｏｕｒｓｅｌｆ）のことで、借主が自分で家に手を加えてもいいという契約です。壁に釘を打って棚を取り付けても、畳をフローリングに替えても構いません。「リフォーム費用を借主が負担する代わりに、退去時に現状復帰をしなくてもよい」という契約をすることが必要です。実家を賃貸に出そうとしたときに、リフォーム費用がかさむために断念してしまう人もいますが、現状のまま「ＤＩＹ型可能」として、その分、安い家賃で入居者を募集する方法もあります。借主が自分好みに部屋を作り替えられるので、長く住んでもらいやすく、家賃収入が安定するメリットもあります。

賃貸に出した家の管理は自分で行なうこともできますが、難しいでしょう。特に遠方に住んでいる場合は管理業者に委託することも多くなります。設備の故障や入居者と近隣とのトラブル、入居者募集などを任せることができ、管理の負担を減らせるからです。管理手数料は一般に家賃の５％程度かかりますが、自分で管理を行なうと、必要な手間や時間を減らすことができます。

賃貸の契約は２種類ある

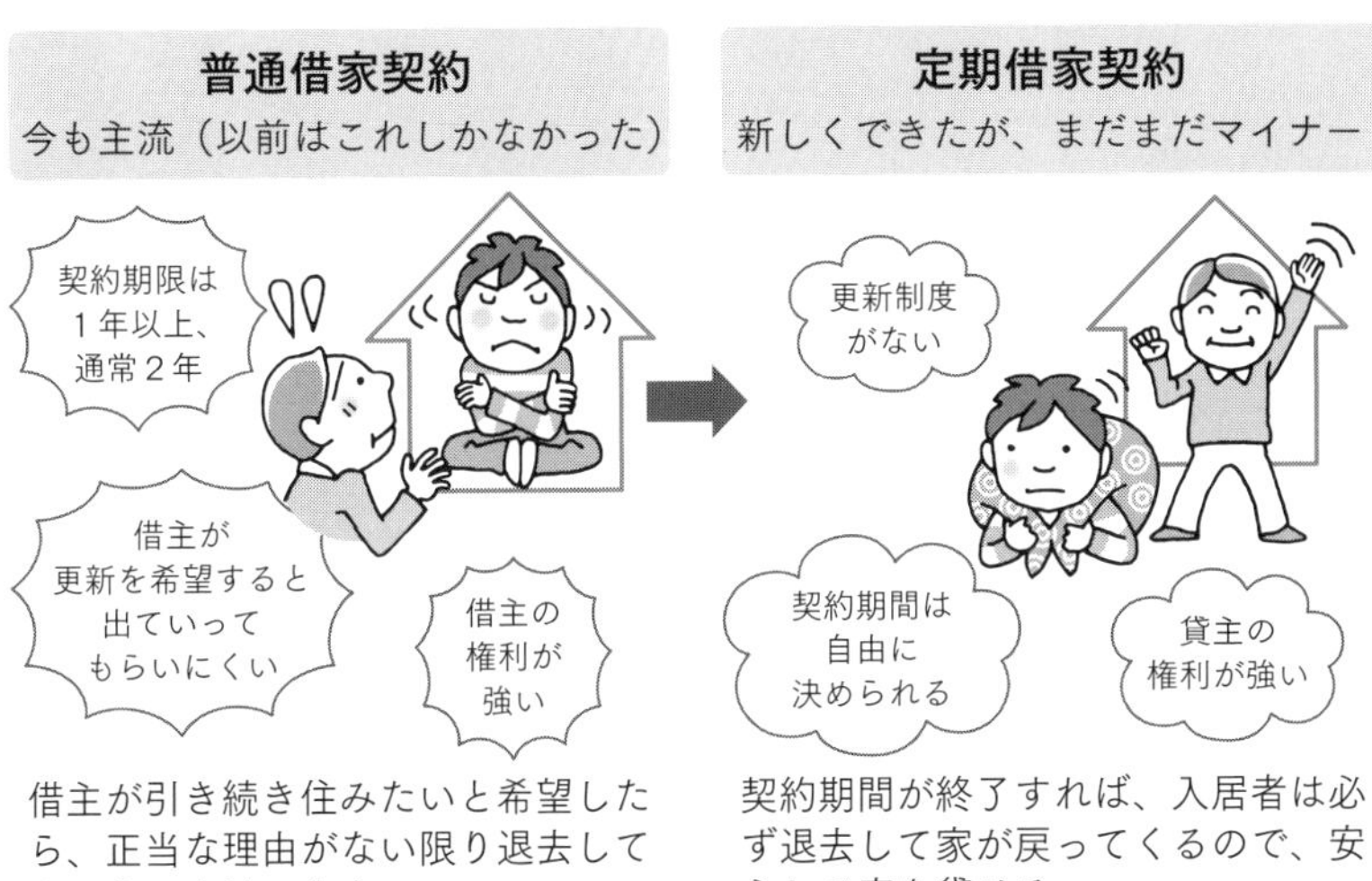
普通借家契約
今も主流（以前はこれしかなかった）
定期借家契約
新しくできたが、まだまだマイナー
契約期限は
１年以上、
通常２年
借主が
更新を希望すると
出ていって
もらいにくい
借主の
権利が
強い
更新制度
がない
契約期間は
自由に
決められる
貸主の
権利が強い

借主が引き続き住みたいと希望したら、正当な理由がない限り退去してもらうことはできない。

契約期間が終了すれば、入居者は必ず退去して家が戻ってくるので、安心して家を貸せる。

賃貸の管理業務は負担が大きい

入居者のルール違反への対応
夜中に騒ぐ、ゴミ出しの曜日を守らないなど、入居者が近隣に迷惑をかけたときのクレーム対応。

設備トラブルへの対応
台所や風呂場の水漏れ、換気扇の故障などのトラブルに対応。夜中に呼ばれることも。

退去後の入居者募集
入居者が退去したら次の入居者を募集し、新しい入居者との契約も自分で行なう。

10

活用法①賃貸

駐車場やトランクルームにして貸す

実家を解体し、更地にして駐車場やトランクルームとして貸す方法もあります。

駐車場は、月極とコインパーキング（時間貸し）があります。月極は契約者から毎月決まった賃料が入ります。コインパーキングは利用者が不特定多数ですので、利用者が多ければ収入も増えます。近くに駅やショッピングセンターなどがある場所など近隣の駐車場の空き状況や周辺の相場を調査して、駐車場経営を検討してみてもいいでしょう。コインパーキングは初期投資で機械の設置費用がかかるとはいえ、駐車場経営はほかの土地活用方法に比べて初期投資額が小さくて済みます。初期投資0であっても、月極駐車場程度の賃料は保証され、いつでも解約できるなど契約は多様です。経営方法には、自分が貸主として駐車場を管理する方法と、土地を運営会社に貸して地代を得る方法があります。

もう一つの活用法であるトランクルームとは、整地をした土地にコンテナ型の収納庫を設置してスペースを貸す事業のことです。利用者は収納庫を借りてシーズンオフの家電や冬用タイヤ、洋服などを保管します。家の中の荷物を減らしてすっきり暮らしたいといった目的でも利用されて需要は高まっています。トランクルームにはコンテナを設置する「屋外型」と、ビルの内部を区切ってスペースを作る「屋内型」があり、実家の土地を活用する場合は「屋外型」のほうが一般的です。

人が住むわけではないトランクルームは、駅から離れている、日当たりが悪い、不整形地など、不利な条件の土地でも運営できるのが魅力。整地や基礎工事を行ない、コンテナを地面に固定しなければなりませんが、アパートを建てる場合と比較すると、水回りや内装などの工事が不要ということもあって、初期投資額を大幅に抑えることができます。コンテナ3基を設置した場合の費用は、搬入・設置で約300万、整地費用約30万、舗装費用約40万、電気の引き込み工事など約30万、合計400万円ほどになります（160㎡の土地をトランクルームにする場合の例）。

駐車場とトランクルームは、どちらも固定資産税や都市計画税の特例が使えません。実際にニーズがあるのか、賃料収入で採算がとれるかどうかよく試算をするようにします。

11 活用法②売却
実家を売却する

実家の活用法の2つ目は「売却する」。実家を他人に売って手放すことです。売却するメリットとしては、「現金が得られること」や「固定資産税や都市計画税の負担がなくなること」が挙げられます。管理の手間がかからなくなり、あれこれ思い悩まなくても済むようにもなります。反対にデメリットは、「思い出が詰まった家を手放すことで精神的、感情的なダメージを受けやすいこと」や「仲介手数料、譲渡所得税がかかる場合があること」が挙げられます。

いずれは実家を売却しようと考えているなら、早い時期に実行に移しましょう。人気のエリアで地価の上昇が期待できる物件なら、実家を空き家のまま所有していたほうがいいこともありますが、ずるずると決断できなくて先送りになる可能性がありま す。人口の減少が起きている地域では、実家を放置しておけば、ますます売れなくなってしまいます。都会は基本的な条件が整い、価格さえ受け入れられれば売却は可能ですが、田舎の場合は今後、売れない土地がたくさん出てきそうです。

実家の販売価格は、周辺の地域の相場や築年数、メンテナンス状況などを考慮しながら不動産会社の査定をもとに決めますが、一般的には予想以上に安い金額を提示されて、驚く人が少なくありません。

たとえばCさんは、親が6000万円で購入した家の査定額が1500万円だと言われました。ショックを受けたCさんは、「2000万円以上でなければ売りたくない。景気が回復するまで先延ばしにしよう」と考えました。ところが、1年後に再び査定してもらうと査定額は1000万円に下がっていたのです。仕方なく1000万円で売りに出しましたが、それでもなかなか売れませんでした。購入時の価格にこだわらず、冷静に価格を設定して早めに売るのが賢い方法です。

それでは、できるだけ高く売るためにはどうしたらいいでしょうか。

方法の一つとして、いつどんな修繕が行なわれたのかを明確にすることがあります。耐震改修、外壁や屋根の修理、エアコンの取り替えなどの記録が残してあると、次の修繕をいつにすればいいか見通しが立ち、購入につながりやすいといえます。また、実家をリフォームしてきれいにしてから売りたい人がいますが、実際には、販売価格を上げることも難しく、売れにくくなる場合があります。リフォーム費用が回収できない恐れもあり、一般的に、そのままの状態で売るほうが、納得できる価格で売れることが多いようです。

住宅付きの土地として売れるのは、土地だけでなく家にも利用価値がある場合に限られます。だからといって何も考えずに更地にしてしまうと、200㎡以下の小規模住宅用地は固定資産税が約6分の1に、都市計画税が約3分の1に軽減される「住宅用地の課税標準の特例」が使えなくなり、土地が売れない場合は税金が高額になります。そこで、築年数が経っている家は、解体をしないで古家付きの土地として販売する方法もあります。購入した人が解体するという条件で解体費用の分だけ安く販売します。

実家が売却できれば売却代金が手に入りますが、そのままの金額を受け取れるわけではありません。手元に残るのは必要経費を差し引いた額です。どのような費用が引かれるのかというと、不動産会社に支払う仲介手数料が、売却価格の3%+6万円+消費税を上限にかかります。売却益が出た場合、譲渡所得として所得税や住民税などが必要なほか、さまざまな費用もかかり、それらを差し引いた残りが手取りの金額となります。

12 活用法②売却　不動産会社に仲介&買い取りを依頼する

実際に家を売る方法としては、「不動産会社に仲介を依頼する方法」と「不動産会社に直接、買い取ってもらう方法」の２つの方法が一般的です。

不動産会社に行く前の準備段階として、実家の土地の価格の相場を調べておきましょう。なぜなら、その家にニーズがあるかどうか、売却できるかどうかの判断材料になるからです。不動産会社が査定する価格と広告に載せる売り出し価格、交渉後に成立する成約価格は異なります。

国土交通省が公表している「令和５年地価公示結果の概要」によれば、全国的に見ると地価は上昇傾向にあり、住宅も二極化しつつも需要は増加傾向にあるようです。とはいえ気になるのは「自分の実家の地域に需要があるかどうか」ということではないでしょうか。それを調べるには、68ページでも触れた不動産情報のポータルサイトの「SUUMO（スーモ）」「アットホーム」「LIFULL HOME'S（ライフルホームズ）」などが役に立ちます。サイトを見れば、実家の近隣の地域に似たような物件が売り出されているか、どのくらいの価格で売られているかなどが把握できます。

土地のおおよその価格を知りたいときは「路線価」が参考になります。「路線価」は相続税や贈与税の評価額を出すときに基準となる土地の価格で、市街地の道路に接する土地の1㎡あたりの価格のこと。実際に売買される「実勢価格」の80％程度の価格になっています。国税庁のホームページの「路線価図・評価倍率表」で調べることができます。地名（町または字）を調べると、路線価が付いている土地と、付いていない倍率地域があることがわかります。

路線価が付いている土地に実家があるのなら、比較的売却しやすいと考えられます。一方、市街化調整区域など倍率地域に実家がある場合、一般的には売却が難しく、買い手が親戚や知り合いなどに限られてしまう可能性が高いです。「売りたくても売れない」という事態になりやすく、計画的に売却を進めましょう。

仲介を依頼するメイン（専任）の不動産会社選びは重要です。不動産会社には大手不動産会社と、実家の近隣で営業している地域の不動産会社があります。全国的な不動産会社のネットワークであるレインズに登録義務があるため、どのような不動産会社に依頼されても物件の売出情報は広く知れ渡ります。大手不動産会社は店舗数が多く、扱っている物件数も豊富。インターネットなどを利用した宣伝や広告にも力を入れていて安心感がありますが、たくさんの顧客を抱えた担当者は多忙で、あまり親身になってもらえないことがあります。反対に、地域の不動産会社は、大手のような宣伝や広告を期待できないことがありますが、長年、地元に密着した営業を行なっているため、地域の事情を熟知し、独自の情報網を持っています。地域での信頼を失わないように親身な対応をしてくれることが多いようです。

不動産会社を選ぶときは何軒かの不動産会社に行き、直接、担当者と話をして実家の査定額を出してもらいます。査定額や担当者との相性などを考慮し、1～3社程度に絞って仲介の契約を結ぶのが理想です。通常、この後に売り出し、売買価格や条件の合意を経て契約となります。査定額は、あくまでも「この価格なら売れると〝思われる〟金額」。査定額が高い不動産会社が必ずしも良いわけではありません。

売りに出した実家に買主が見つかったら売買契約を結び、家の引き渡しを行ないます。最後に、売却益が出た場合、翌年、所得税などの確定申告・納税をして売買は完了となります。

不動産を売却するときは、「不動産会社に直接、買い取ってもらう方法」もあります。その際は売却完了までの時間が短いことを考慮して、決断したらいつでも動けるようにしておきましょう。実家の場所や状態にもよりますが、条件が合えば一戸建てでも分譲マンションでも買い取ってもらうことが可能です。

不動産会社が直接、買い取るので、仲介のように買主を探してもらわなくてもよく、仲介手数料もかかりません。査定から売却まで短期間で行なえて、すぐに現金化されるのも売主にはありがたいことです。引き渡す前に、家の中に残っている家財を片づけたり、家の解体などを行なわず、そのままの状態で引き渡すこともできる場合もあり、手間が省けます。

もう一つ、不動産会社に買い取ってもらうメリットは、「契約不適合責任」を負わないという契約を結べることです。契約不適合責任とは、売却後に契約書に書かれていない欠陥が見つかったときは、売主が責任を負うというもの。通常の仲介による売買では、買主から減額や修理などを請求されてしまいます。たとえば、契約書に「窓の鍵が壊れている」と書かれていれば、「窓の鍵が壊れているのを承知で購入した」ことになりますが、契約書にそのことが書かれていなければ、「窓の鍵を修理してほしい」という買主の請求に応じなければなりません。しかし、不動産会社に買い取ってもらう場合は事情が変わります。通常、不動産会社は買い取り後にリフォームを実施しますが、そのときに家の状態も確認して、不具合があれば自前で補修を行ないます。そのため、売主が責任を負わなくて済むのです。

一方、不動産会社に実家を買い取ってもらうデメリットは、売却の金額が仲介よりも安くなることです。不動産会社は、買い取った実家をリフォームして中古住宅として販売したり、更地にして土地として売るなど、再販売をすることを前提に買い取りを行ないます。その分の費用が差し引かれるため、相場価格よりも2、３割程度、安くなってしまいます。

一定期間は不動産会社の仲介によって買主を探してもらい、もし売れなかったら最終的には不動産会社に買い取ってもらう、というような方法も選択できます。信頼できる不動産会社と相談しながら進めるようにしましょう。

13 活用法②売却
不動産会社が買い取り後に分割して売ることも

空き家になっている実家は、広い敷地の場合もあればコンパクトな敷地もあります。市街地にある敷地面積の広い実家の場合、地価が高いので販売価格も高額になります。高額になると、買える人が限定されてしまい、売却が難しくなります。

高く売りたいのであれば、自分自身で分筆して購入希望者（エンドユーザー）に売却するとよいでしょう。２００坪以上ある大きな実家の場合、エンドユーザーが高額すぎて購入できないので、戸建て分譲やマンション開発を行なう不動産会社、建築会社、ハウスメーカーなどに買い取ってもらうほうが高く売却できる可能性があります。広い敷地を区割りをしてから分譲したり、マンションを建てたりと、さまざまな用途で土地活用が検討できるからです。

買い取りの場合、前項でも触れたように、手間や時間をかけずに短期間で売却することが可能ですが、家のリフォーム代や解体費用、区画整理の工事費などが差し引かれます。買い取り価格は、やはり仲介よりも安くなります。

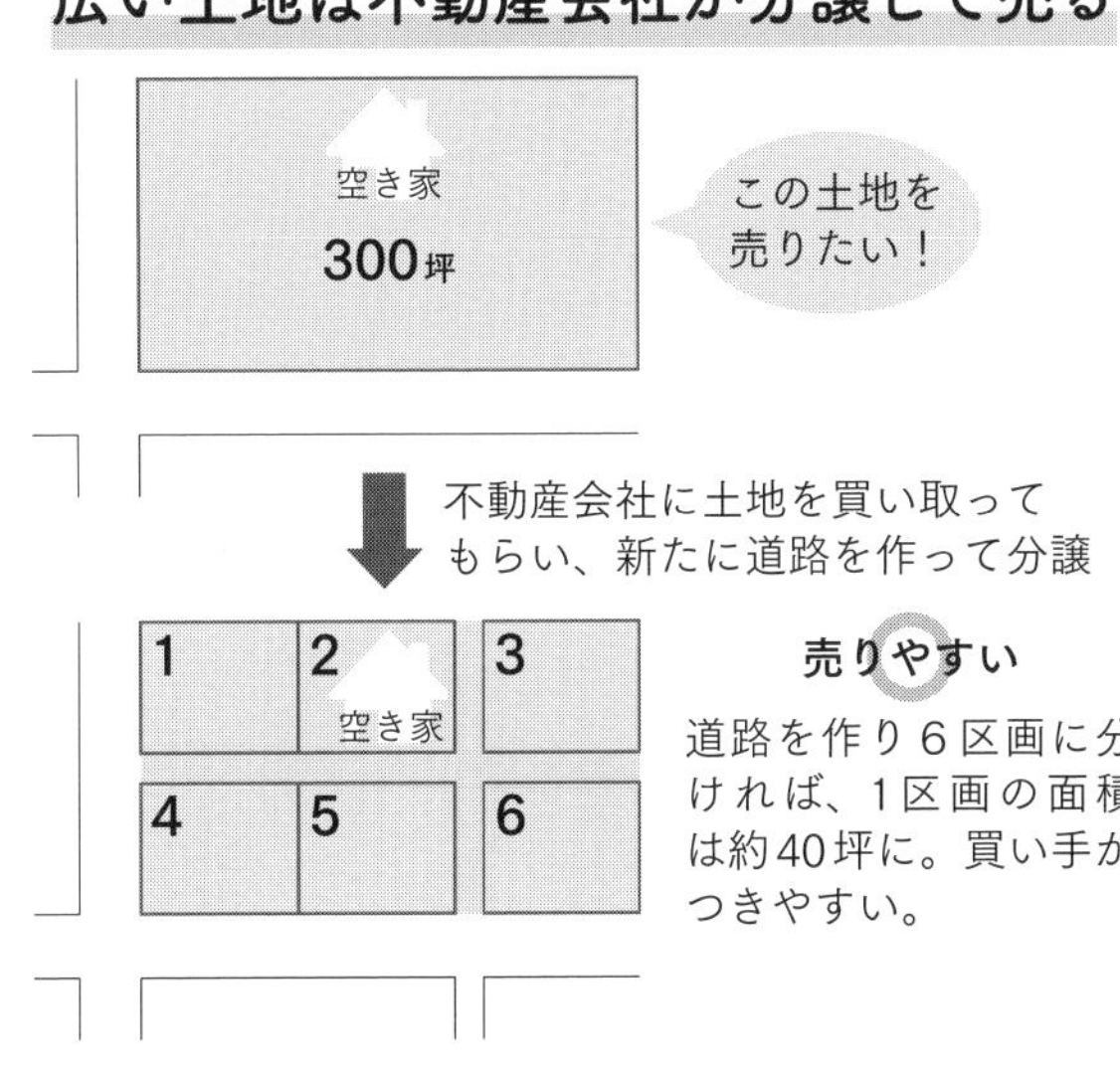
広い土地は不動産会社が分譲して売る
空き家
300坪
この土地を
売りたい！
不動産会社に土地を買い取って
もらい、新たに道路を作って分譲
1
2
3
4
5
6
空き家
売りやすい
道路を作り６区画に分
ければ、1区画の面積
は約40坪に。買い手が
つきやすい。

空き家が周辺に比べて大きい場合、不動産会社の中にはオークション方式を取り入れているところがあります。

どのようなやり方かというと、２００坪以上の建売り用地、収益マンションや分譲マンションの建築可能な土地を、不動産会社に売却を依頼すると、その不動産会社はその不動産を購入する可能性のある50社程度の不動産会社に物件の情報を送り、オークション形式で買い取りの希望を募ります。売主は、各社の出してきた金額がわかるので、透明性があって納得して売却できることがメリットです。応募してきた不動産会社の中から、いちばん高い価格を付けてくれた会社に売却します。

14

更地にして売却する

活用法③更地にして売却

建物を解体して更地にして売却する方法があります。都会の土地と田舎の土地では違いがありますが、一般的には、更地にするメリットは土地自体の見た目が良くなり、使い道も増えて買い手が付きやすくなることです。注意点は、境界や接道義務などの条件を満たし、土地が売れるという見通しが立ってから家を解体したほうがいい点です。たとえばDさんは、実家の土地はすぐに売れるだろうと安易に考えて、実家の解体を行ないました。家が建っていたときは、「住宅用地の課税標準の特例」が適用されて、200㎡以下の小規模住宅用地として固定資産税等が約6分の1に軽減されましたが、家を解体して更地にしたため特例の対象から外れることになります。予想に反して土地はなかなか売れず、翌年に高い固定資産税を支払わなければなりませんでした。地価の高い地域では支払い額に大きな差が出ます。さらに家の解体費は、一般的な木造家屋で約100万~200万円かかります。解体作業では、最初に足場を組んで騒音や防塵対策のためにシートで覆い、重機で家やブロック塀などを解体し、

お金をかけて解体したのに税金が高額に

（例）家屋の評価額が600万円、土地（180㎡）評価額（負担調整措置後）が2400万円の空き家を解体した場合

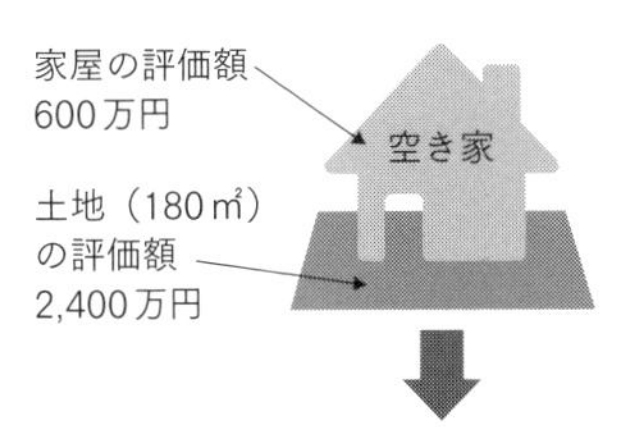

固定資産税は
家屋　600万円×1.4％＝84,000円
土地　2,400万円×１/６×1.4％＝56,000円
（軽減措置あり）
合計　140,000円

100万～200万円の費用をかけて解体し更地に

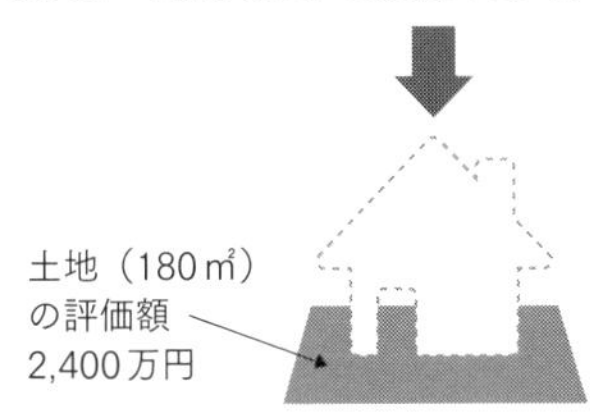

解体前の2.4倍に

固定資産税は
家屋　０円
土地　2,400万円×1.4％＝336,000円
（軽減措置なし）
合計　336,000円

トラックで廃材を運び出します。地中に埋没物がないかの確認も行ない、浄化槽などが埋まっていれば撤去も実施。解体にはこのような多くの作業を行なわなければならず、費用は高額になります。

田舎にある実家の場合、家を解体して更地にするのは売買契約が済んでからにしたほうが安心です。無事に売却できても、売却価格から解体費などの諸費用を差し引くと、希望していた金額を手にすることができない可能性があります。また、隣地との境界が未確定の土地は敬遠されやすく、売却に苦戦することが多く、売却できても境界が決まっている土地に比べて安くなりやすいといえます。

15 活用法③更地にして売却
東京と関東近郊の土地は売却しやすい

土地の価格というのは、その土地をほしいかどうかという「需要と供給のバランス」と、その土地が必要かどうかという「利用価値」で決まります。多くの人が「ほしい」と考える土地は、高い価格で取り引きされるのです。同じ土地は1つしかないのでときには、正常な範囲を超えた値動きをすることもあります。実家がどの地域にあるかによって、需要と供給のバランスと利用価値は異なり、土地の売りやすさも変わってきます。ここからは、日本の地域ごとに、実家を更地にしたときの売りやすさについて見ていきます。

まず首都である東京はどうかというと、現在も将来も人口が密集すると予想できます。東京は利便性が高く、進学や就職などを機にほかの地域から流入してくる人が多い場所。地域によって価格は変わりますが、基本的に東京に土地がある場合は売却しやすいと考えられます。とくに災害の対策がしっかりしている地域が売却しやすく、郊外なら交通の便がよいターミナル駅の近くや幹線道路沿い、役所や病院などに歩いて行ける場所は売りやすいといえます。さらに、再開発が行なわれたり新駅が誕生して人口が増えそうな地域は、今後、土地の値上がりも期待できます。同じ市町村でも売れる地域と売れない地域はありますが、具体的には、武蔵野台地にある調布市、西東京市、日野市などは人口が増えて、土地の売却もしやすいのではないかと考えます。

関東近郊は、すでに一定の人口もあり、ほかの地域から流入してくる人も多くなります。生活基盤もしっかりしていて行政サービスも充実している一方、開発の余地も残されていて売却しやすいエリアだと考えます。東京23区と京浜エリア以外では、藤沢市、さいたま市、川口市、戸田市、ふじみ野市、朝霞市、三郷市、越谷市、流山市、柏市、木更津市などの土地は、需要が多いと思われます。

つまり、必ず売れるわけではありませんが、人口が増加しているエリアは需要（購買ニーズ）も高いので土地は売りやすいといえるでしょう。そして、都会は地価が高く、利用方法も多いので、取引事例は少ないのが実情です。売却物件数が少ない分、売却する気になれば売却しやすいのです。ただし、売り急ぐと安くなるので注意しましょう。

16

活用法③更地にして売却

近畿地方と東海地方は需要が多い

京阪神は近畿エリアの中心都市として人口の流入も活発です。近畿地方は古くから多くの人が住んでいた地域で、三大都市である大阪、京都、神戸を比較しても、大阪は商業都市、京都は都、神戸は港町という地域性があります。大阪は商業都市を基盤として発展してきたという歴史があり、土地の需要も多いといえます。

京都と奈良は独特の権利意識が育まれています。昔ながらのコミュニティも機能していて、一部の区域では部外者が入りにくい印象もあります。

近畿地方は、各土地の所有者、地番などを調査して、境界の位置と面積を測量する「地籍調査」があまり進んでいません。特に京都は、都道府県の中で地籍調査の進捗率が最も低い地域。それは、京都府は災害があまり起こらず開発事業も少なかったため、地籍調査が重視されてこなかったからだと考えられます。近畿地方の中で、人口が増えて土地を売却しやすいのは京阪神、北大阪、大阪市内、草津市、守山市、栗東市などです。

一方、東海地方では名古屋が中心都市として人口が流入していて、土地の需要も高いです。この地域は広大な濃尾平野に位置し、歴史的に見ても経済力が旺盛。しかし木曽川、長良川、揖斐川などの一級河川が多く、水害のリスクがあります。補修工事などで水害対策がしっかりしている地域であれば、土地の需要が多いといえます。

東海地方で今後、人口が増えて土地が売却しやすいと考えられる地域は、岡崎市、刈谷市、安城市、東海市、瑞穂市、常滑市、大府市、知立市、高浜市、日進市、長久手市、幸田町などです。

17

活用法③更地にして売却

地方4都市と中核市も需要がある

地方４都市と呼ばれる札幌市、仙台市、広島市、福岡市は、それぞれ北海道、東北地方、中国地方、九州地方の中心都市なので人口の流入が多く、土地の需要も多いと思われます。

市内でも交通の便がよく、買い物などに便利な地域や閑静な住宅地などは、比較的地価が高くなります。しかし、道路を一本挟んだだけで市街化調整区域になる地域もあり、基本的に建物が建てられないため価格が急に安くなってしまうことがあります。

地方４都市の周辺で人口が増えそうな地域は、札幌周辺では千歳(ちとせ)市、恵庭(えにわ)市が挙げられます。仙台周辺では名取市、富谷(とみや)市、利府(りふ)町、広島周辺では東広島市、廿日市(はつかいち)市があります。福岡周辺は大野城市、福津市、志免(しめん)町、新宮(しんぐう)町、粕屋(かすや)町、春日市などが人口が増えると予想でき、土地の需要がありそうです。

中核市という人口が20万人以上で政令により指定を受けた市も、人口が流入しやす

く、市の中心部であれば売却しやすいと考えられます。たとえば、岩手県盛岡周辺では滝沢市、佐賀県では鳥栖（とす）市などが期待できそうです。しかし、中心部から離れたところにある土地は売りにくいようです。

これまで触れた地域以外の場所においても、駅前や再開発など限られた地域とその周辺地以外は、今後、人口減少が進んでいき、土地の売却はますます難しくなっていくと予想されます。

個人の努力だけでは解決できず、行政や地域との連携や、「自分で住む」「国に引き取ってもらう」（62ページ）などの方法を検討する必要があるかもしれません。

18 活用法④自分で住む
実家に「自分で住む」

実家の活用法の4つ目は子ども自身が「自分で住む」を選択すること。現在、賃貸に住んでいる人なら、実家に住むことで家賃の支払いがなくなり、その分を貯蓄に回せるのが、経済的な利点になります。また、世間的に見れば古くてあまり価値がないように思える家でも、子どもにとっては思い出のある懐かしい場所でもあります。

ただし、実家の老朽化の状態によっては増改築やリフォームなどを行なわなければ住めないこともあります。その際に確認すべき点が2つあります。

1つ目は、実家が「違反建築物」になっていないかどうかです。親が住んでいる間に増改築をしていると、容積率をオーバーして「違反建築物」になっていることがあります。小規模の増改築では建築確認が行なわれずに、気がつかないうちに違反していることがあるからです。

2つ目は「既存不適格建築物」かどうかです。家を建てた当時は適法だったのに、法改正によって耐震基準や建ぺい率などが、現在の法律に合っていない場合がありま

道路の幅が狭いときはセットバックが必要

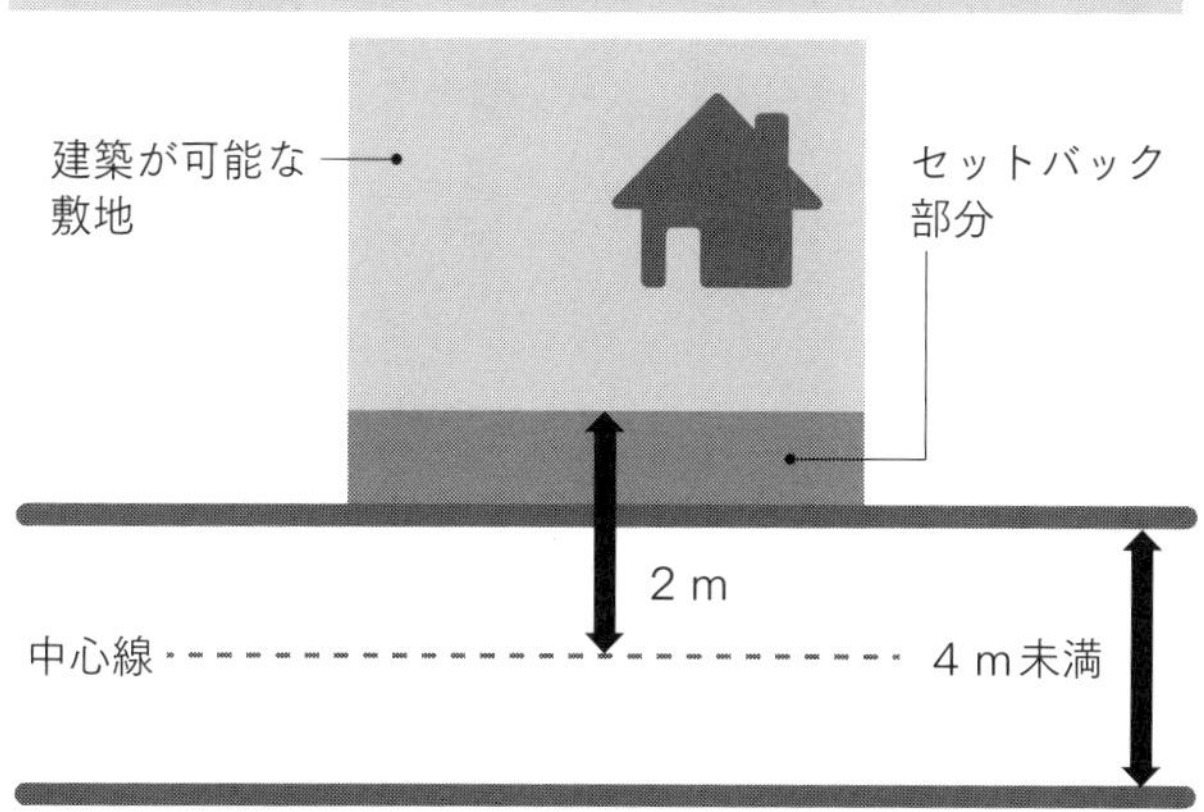

道幅が４ｍ未満の道路に面している敷地に家を建てるときは、道路の中心線から２ｍセットバック（後退）させる。狭くなった敷地の建ぺい率を基に、家を建てなければならない。

す。今後、増改築をする際、支障が出る可能性があります。

たとえば、狭い道路に面した実家を建て替えるときは、今よりも床面積が小さい家しか建てられない場合があります。今の建築基準法では災害時の緊急車両の通行を考慮して、幅４ｍ以上の道路に敷地が２ｍ以上接していなければ家を建てられないからです。実家の土地が幅４ｍ未満の道路に接している場合は、敷地を道路の中心から２ｍ後退させるセットバックを行なわなければならないのです（上図参照）。セットバックによって建築可能な敷地が狭くなり、希望の広さの家を建てられない可能性があるので注意しましょう。

●リフォームを行なうメリットは？

築年数が経っている実家に自分がいざ住むとなると、使い勝手や設備が陳腐化しているため、修繕やリフォームしたほうが良いケースが多いでしょう。建て替えまではしないまでも、家の状態で気になる箇所は出てきます。

建て替えに比べてリフォームを行なうメリットは、多額の費用や手間がかからず、愛着のある実家に住むことができることです。

反対にデメリットは、地盤の改良ができないので、定められた耐震基準まで上げるのが難しく、家の構造部分の劣化状態によっては、かなり費用がかかるケースも考えられます。

修繕を行なう時期の目安は、設備によってさまざまですが、おおよそ屋根の塗装や補修は11～15年目、外壁塗装は11～18年目、給湯器やエアコンの交換は11～18年目ぐらいに行なうようにします。

特に不具合が出ていなくても、使用頻度の高い水回りのリフォームを行なうと、満足度が上がります。台所を最新式のシステムキッチンに替えたり、浴室を断熱効果の高いシステムバスに替えることで、快適に住めるようになります。

19 活用法④自分で住む 「賃貸併用住宅」で自宅に住みながら家賃収入を得る

実家の建て替えを行なう場合、敷地が広く立地の良い場所にあるときは自宅の一部を賃貸に出す「賃貸併用住宅」を検討してもいいでしょう。2階建てを3階建てにして1フロアーを賃貸にするという方法もあります。また、賃貸併用住宅を建てておけば、将来的に親子で二世帯で住むこともできます。自分の足腰がしっかりしているときは眺望の良い3階を使用し、歳を取って介護が必要になったら1階に移るというような、柔軟性のある住み方ができるのも魅力です。建築資金については、自宅部分の面積が建物の半分以上であれば住宅ローンの利用が可能です。家賃収入をローンの返済に回すことで返済の負担を軽減できるメリットも。賃貸併用住宅は自宅とみなされるため、土地は「宅地等についての特例」、建物は「新築住宅等についての特例」という固定資産税の軽減措置の対象になります。デメリットとしては賃貸物件なので入居者との間に家賃滞納やゴミ出しルールを守らないなどのトラブルが起きること。将来、空室になり、家賃収入を得られないなどのリスクも考えておく必要があります。

20 活用法④自分で住む

実家を管理しながら「別荘」「別宅」として利用する

実家が遠方にあれば「別荘」として、近くにあれば「別宅」として使うこともできます。退職後に移住する目的でふだん不在にしておく人もいます。このような場合、適切に管理をしないと家は傷んでいきます。定期的に訪れて管理することが難しいときは、地元の不動産会社などが行なう「空き家管理サービス」を利用しましょう。

最近は、ホームセキュリティと空き家の管理を組み合わせたサービスを行なう会社もあります。たとえば、綜合警備保障株式会社は「ＨＯＭＥ ＡＬＳＯＫるすたくサービス」を月額５５００円*（税込）で提供。空き家にセキュリティ機器を設置し、不審者が侵入すると監視センターに通報が届きます。それを受けてガードマンが駆けつけるサービスに加えて、月１回の屋外の見回りと投函物の整理をしてもらえます。さらにオプションとして１回５５００円*で、部屋の中の換気と蛇口の通水、家の外側と内側の目視確認を依頼することができます。サービスを利用することで費用はかかりますが、防犯対策を含む空き家の管理ができて自分の手間や負担を減らせます。

＊執筆当時の価格です。

21 活用法⑤国の制度を活用する 国に引き取ってもらう

「自分の実家は貸すことも売ることもできず、自分で住む予定もない。持て余して困っている」という人もいます。なかには、「いざとなったら実家の土地を自治体に寄付しよう」と考える人もいるようですが、自治体に受け入れてもらえるのは歴史的に価値のある家や子どもの遊び場や災害時の避難場所、公園が作れるほど広い敷地など、ごく稀なケース。一般的には断わられてしまいます。

このように、活用できない実家は固定資産税を支払いながら所有し続けるしかありませんでした。それが、２０２３年4月27日施行の「相続土地国庫帰属制度」という新しい制度によって、一定の条件のもとで、相続した土地を国に引き取ってもらえるようになりました。空き家を処分する手段の一つとして覚えておくといいでしょう。

この制度は、相続または遺贈で土地を取得した人が利用できます。建物が建っている土地は更地にしなければならず、境界があいまいな土地なども引き取ってもらえないので、測量するなど早めに対処しておくことが大事です。通常の管理または処分す

相続土地国庫帰属制度の負担金の目安（宅地の場合）

地域・敷地面積		負担金
市街化区域・用途地域	100㎡	548,000円
	150㎡	670,000円
	200㎡	793,000円
	250㎡	905,000円
	300㎡	1,018,000円
上記以外の地域は面積にかかわらず		200,000円

出典：法務省のホームページを基に作成

るにあたり、過分の費用または労力を要する土地は引き取ってもらえないからです。引き取ってもらう際、所在地や面積をもとに算出した10年分の土地管理費を「負担金」として支払う必要があります（上図参照）。費用がかかるとはいえ、空き家を抱えている人にとっては助かる制度だといえます。国としても「空き家対策」は、それだけ切実な問題なのです。

高齢化の加速により今後、ますます増加する恐れがあります。国は「相続土地国庫帰属制度」と、２０２４年４月施行の「相続登記の義務化」などによって、現在問題になっている「所有者不明土地（１３２ページ参照）」を解消しようとしているのです。

第3章

地域や個別ケースの「実家じまい」を考える

1 専門家に聞く！　具体的な相談事例Q&A

第3章では、専門家が過去に相談のあった実例をもとに、解決策や今後の方向性を伝授していきます。

さまざまな例を紹介しますので、自分に当てはめて、「家じまい」の際に参考にしてみてはいかがでしょうか。

Q1 実家を売却するとき、リノベーションしたほうがいいですか？

（相談者Yさんの場合）

Yさんは実家を売却したいと考えているようですが、リノベーションをしてから売り出すか、そのままの状態で売り出すか迷っているようですね。

ただ、売却前に「空き家」をリノベーションやリフォームをしてから売り出すのは、あまりお勧めしません。なぜなら、「空き家」にリノベーションやリフォームを施しても売れずに、結局、価格を下げたり更地にして売却することになり、赤字が出てしまったというケースをよく聞くからです。

購入者から見れば、安い価格で購入し、自分好みの家にリフォームしたいと考えるでしょう。

あまり見栄えが良くない分譲マンションの空き部屋の場合は、壁紙（クロス）を張り替えてハウスクリーニングをしても、費用は50万～60万円程度に収まるので、実施してもいいと思います。けれど、戸建ての場合は下手に一部だけをリフォームすると、古い部分が目立ってしまう恐れがあります。どうしても実施するなら信頼のおける専門家に相談して、必要最小限に留めることを心がけるといいでしょう。

また、税金面での優遇措置である「空き家の譲渡所得の３０００万円特別控除」（昭和56年5月末以前に建てられた建物であることなど、いくつかの要件あり）を利用するには、建物を解体する必要があるので、お金をかけても無駄になってしまいます。

「空き家」の解体については、自治体が実施している助成金などを利用するのも一つの方法です。また、一人で解決できないことは、自治体の窓口や、知識や情報を有する専門家に相談しましょう。なお、建物付きでこの特例（空き家の譲渡所得３０００

万円特別控除）を利用するには、注意が必要です。昭和56年5月末以前に建てられた戸建てを建物付きで売却する場合は、買い主が耐震工事や建物を解体しても適用できますが、しっかり契約しないと、税制優遇を受けられないことになります。

〇実際に売却するときに注意しておきたいこと

・コロナ禍の影響もあり、地方移住ブームが続いています。移住希望者の要望も「菜園や農園をもちたい」「海や山が近く、レジャーを楽しめるところがいい」などさまざまです。こうした要望にかなう物件であれば売却しやすいようですが、ほとんどの物件は難しいのが実情です。

・購入する側から考えると、退職金や持ち家の売却資金を購入資金に充てる人もいます。その場合、老後資金を考慮するため、購入を検討する中心価格帯は数百万円台になると思われます。

・地方都市で歴史的な町並みなど特徴ある市街地の物件ならば、築年数がかなり経過していても一定の需要が期待できます。賃貸に出すことも可能で、融資の際の土地の担保価格程度での売却であれば見込めます。古民家は人気があり、地域の施設としての活用も考えられます。

・都心なら更地にして売却するという選択肢がありますが、地方都市では土地は余っていてあまり期待できません。家の解体費として数百万円かかりますから、まず解体せずに古家付きで売りに出したほうが、リスクがないといえます。

・リフォームについても同様で、たとえば雨漏りを修理して数百万円高く売りに出すより、修理せずに修理費用を引いて売り出したほうがよいケースもあります。戸建てが１８００万円ほどで建築できた場合、販売価格の１８００万円からリフォーム費用を引いた以上の売出価格になると、ほぼ買い手がつかなくなるでしょう。

・価格については、地域によって明確な判断ラインが確認できるので、該当地域の状況に詳しい不動産会社に確認することも大切です。

Q2 「空き家」をできるだけ高く売るためにやるべきことを教えてください（相談者Eさんの場合）

初めて不動産を売却するEさんは実家の「空き家」の売却価格を少しでも上げたいようですが、どのようなことをすればいいか説明します。

まず、「空き家」のある地域では、どのような人がどれくらいの価格で購入しているのかなどを調べて、購入者側の立場から考えて、どのような人が、どれくらいの価格で購入しているかなどを調べます。売買価格≒成約（契約）価格とネットやチラシに出ている売出価格は違うので注意しましょう。購入者の嗜好が多様化している中、適正な価格で売り出すことが大切です。売却価格を上げるためのリノベーションやリフォームは無理にすべきではありません。

税金面での「空き家の譲渡所得の3000万円特別控除」や「居住用財産を譲渡したときの3000万円特別控除」などの優遇措置が利用できるかを確認しましょう。優遇された分、手元に残るお金が増えます。

相続税を課税された人が相続した不動産を処分する場合は、相続税の申告期限から3年以内に売却すると、譲渡所得税を計算するときに相続税の一部を取得費に加えられる「取得費加算の特例」を受けることもできます。

○できるだけ高く売るためのポイント

・建物付きで売却する場合は、家財を片づけて室内をすっきりさせる。
・購入希望者の内見では明るいほうが好印象。照明機器を使えるようにしておく。
・庭木の手入れもする。

・家は閉め切っておくと傷みやすいので、まめに風通しをする。
・地域の人やその知人が購入するケースも多い。近所の人に売却の意思を伝える。
・建物付きで売るよりも、家が古いと土地のみの価格で売却するほうが売りやすい場合もある。そのためにも解体費用を前もって見積もっておく。アスベスト除去費用がかなりかかることもある。
・売却が決まってから建物を自分で解体する予定なら、「解体更地渡し」と明記すると、購入を検討している買主に安心感を与えられる。
・建物の損傷が激しすぎて物件の印象を損ねるときは、費用はかかるが更地にして見栄えをよくする。なお、土地の固定資産税は更地のほうが高く、税額は１月１日時点の状態で決まるので、更地にするなら年末より年初に解体し、年内に売却するほうが税金を抑えられる。
・売却価格は販売が始まると上げにくい。売却に時間をかけてもよい場合は、相場よりも少し高めに設定する。査定価格と売り出し価格、成約（契約）価格は変わる。
・売却スケジュールを想定して、「土地の測量」や「建物図面」「建築確認通知書」等の書面は早めに準備する。

Q3 実家の売却を依頼する不動産会社はどうやって選べばいいですか？（相談者Aさんの場合）

Aさんは実家を売却するために、どの不動産会社にお願いしたらいいか悩んでいるようですね。まず、不動産広告のチラシやホームページなどを見て、実家があるエリアの不動産物件を扱っていて、会社自体もエリア内にある不動産会社を中心に探すといいでしょう。気になる不動産会社が見つかったら、実際にその会社の前を通ってみて、会社の雰囲気も確認します。

最近、初めて家を売却した知人がいれば、その人に不動産会社を紹介してもらうのもお勧めです。不動産、相続に強いファイナンシャルプランナーに相談し、不動産業者を紹介してもらうのも一案です。紹介してもらった不動産会社なら、きちんと対応してもらえる会社であることが多いです。信頼できると判断できた場合は、1社だけにお願いする「専任媒介契約」が向いています。

一方、複数の不動産会社に仲介を依頼することを「一般媒介契約」といいます。やめたほうがいいのは、数多くの不動産会社に査定を依頼すること。それよりも、直接、対面で相談をして、信頼できそうな不動産会社を3社程度に絞って、まず依頼するようにします。家の測量図や建物図面、パンフレット、建築確認通知書、管理規約、固定資産税の納付書、登記簿謄本など必要書類を事前に用意しておくと、親身に相談にのってもらえます。

また、不動産会社が出した査定額が高くても、その値段で売れるとは限りません。高値を出してくれたからといって、あくまで査定価格なのですぐにその不動産会社と契約するのは禁物です。

大手のネームバリューのある不動産会社なら必ず安心ともいえないです。それは、担当する社員によっても、販売力（知識、経験、提案力）に差があるため注意したほうがいいかもしれません。

〇不動産会社選定のポイント

・不動産に関してさまざまな知識をもち、経験が豊富な提案者であること。
・不動産会社同士のネットワークが広いこと。
・買主選定力があること。
・大手の不動産会社だから安心とは一概にいえない。
・一括査定サイトの活用は気軽だが、注意が必要。

Q4 昭和50年に建てた実家を相続。どのように活用したらいいですか?

（相談者Bさんの場合）

昭和50年あたりに建てられた実家が空き家になっている例は多いようです。活用の方法としては「自分で住む」「賃貸」「売却」の3つがあります。

「自分で住む」場合は、現在賃貸暮らしであれば、住宅ローン等の借り入れの返済がないので住居費が軽減されることがメリットになります。スペースがあれば親の荷物などを急いで処分しなくても済みます。注意点としては、立地や物件の間取りが今の生活に向かなかったり、家の状態によっては修繕が必要になることです。マンションが古くなると修繕積立金の値上げや大規模修繕の負担が増す可能性も考えられます。

「賃貸」に出すメリットは、賃料収入が得られることです。ただし、ハウスクリーニングや家の状態によっては修繕が必要に。専有部分の修繕費は、賃貸前だけでなく賃貸中や賃貸後にも発生するかもしれません。空室になると管理費、修繕積立金、固定資産税などをカバーできる家賃収入が得られず、持ち出しになることがあります。

「売却」するときのメリットは、管理費や固定資産税など経済的な負担や保有している際の管理や精神的な不安がなくなること。空き家の状態が長いと建物が劣化するので、できれば早めに売却します。住宅ローン等の借入れが残っている場合は、売却代金で完済できるか確認します。建物を解体する予定なら、解体時に家財の一部はまとめて処分できます。家財処分の手間を省くことができ、費用の節約になります。「売却」したいと思っても、物件の状態や価格などによっては売却が困難なケースもあります。売却し、譲渡益が出ると譲渡所得に対して課税されます。そのために、事前に「空き家の譲渡所得の３０００万円特別控除」が利用できるか確認しましょう。

また、近年、空き家バンクを開設する自治体が増えていますが、紹介を行なうのみで契約などの手続き、折衝には基本的に関与しません。「自治体が運営しているので安心」と誤解している人も多いので注意しましょう。

空き家はそのまま放置すると湿気などによって1年ほどで急速に傷んでしまうので、相続の発生から1年を目途に期限を区切り、検討することが大事です。建物の耐震性も賃料や売却価格に大きく影響します。昭和56年6月以降に建築確認を受けた物件は、耐震基準を満たしていると考えられますが、それ以前の物件は耐震基準に問題があるとみなされ、建物が建っていると買い手がつきにくい傾向があります。

Ｂさんも結局、「賃貸」や「売却」ではなく「自分で住む」方法を選びました。

Q5 地方にある実家が「空き家」に。退職後にUターンして住むまで賃貸に出せますか？

（相談者Cさんの場合）

相談者のCさんは、将来、退職後に地方圏にある実家にUターンをするつもりのようですね。まだ退職までには10年ほどあるので、その間は実家を賃貸に出すことを考えてもいいかもしれません。

期限が10年間とはっきりわかっている場合、希望する期間だけ賃貸借契約が結べる定期借家契約にすることをお勧めします。そのほか、「一般社団法人移住・住みかえ支援機構」が行なう「マイホーム借上げ制度」を利用して賃貸に出す方法もありますが、利用するためには建物が新耐震基準を満たしている必要があります。

また、地方では一家庭で複数台の車を所有するのが一般的で、駐車スペースも大事です。古くからの市街地や築古物件は駐車スペースが十分でないことが多く、近隣で駐車場の確保ができるか確認しておきます。

仲介業者を利用しない個人間で契約を行なう場合は、契約上のトラブルが生じやすいので要注意です。所有者の事情が変わって賃借人に退去してほしいときはどうするか、賃借人にどこまでのリフォームを許可するのかなどを想定して契約条件をまとめ、信頼のおける不動産会社や行政書士、司法書士、弁護士にチェックしてもらうようにしましょう。

家賃は空き家がある地域の家賃相場を考慮して決めるようにします。

○リフォーム代は家賃に見合った金額にする

空き家の状態が長期間続くのは避けたいものです。借りてもらうことが重要なので、できるだけ周辺より少し安い家賃を設定できるとよいでしょう。維持管理を考えても、入居者がいて維持管理が行なわれたほうが建物にとってもよいので、短期間で入居者が決まるような家賃にする必要があります。

しかし、地方では10万円以上の家賃にするのは難しく、リフォームやリノベーションをして家賃を高くするより、地域の水準に合った家賃を設定し、それに見合う修繕やリフォームを行なうほうが現実的です。あるいは入居者の負担でリフォームしてもらうのも一案です。成約に至らない場合は募集条件などを見直す必要があります。

○家財の片づけを行なう

実家が遠方で、自分で片づけるのは負担が大きいときは、費用はかかりますが、遺品整理業者、実家片づけ業者、不用品回収業者に依頼することをお勧めします。費用

「物の処分」にはさまざまな方法がある

品物	処分方法の例
写真、アルバム	写真スキャニングサービスを行なう業者に依頼してデジタル化した後で処分。
仏壇	菩提寺に「閉眼供養」「魂抜き」を相談。供養と処分を一括して行なう専門業者に依頼。
大型家具	ネットオークション、フリマサイト、地元の掲示板などを利用
こだわりの収集品	ネットオークション、フリマサイト、地元の掲示板などを利用
衣服	ネットオークション、フリマサイトなどを利用
大量の消耗品ストック	使用が難しければ処分

は家の大きさや家財の量が関係するので、条件を統一して複数の業者から見積もりをとるとよいでしょう。

多くの人が空き家の処分を躊躇する理由に、仏壇や神棚があります。仏壇は基本的に菩提寺で「魂抜き」をしたうえで、業者に処分を依頼します。仏壇を購入したお店に相談する方法もあります。

「物の処分」は時間をかけて計画的に行ないましょう（上図参照）。

Q6 将来、空き家になりそうな実家は、賃貸と売却のどちらにすればいいですか？
（相談者Nさんの場合）

実家は人気の私鉄沿線で、駅から徒歩10分の好立地にある木造５ＤＫ。１９８０年に旧耐震基準で建てられた家ですね。お父さまが亡くなった後はお母さま１人で住んでいて、バリアフリー工事が施されています。

お母さまは預貯金がなく、家を売ったお金で施設に入る計画があるようですが…。相談者Ｎさんと妹さんは結婚し、それぞれ持ち家もあり、実家に住む予定はありません。将来、家を売却することについては家族全員の了承が得られています。

建物の築年数は経っていても、土地についてはある程度の価値が見込まれ、賃貸に出しても借り手がつきそうです。問題は、賃貸に出すためには手入れが必要なことと、家の築年数が経っていることから、家賃は相場よりかなり下げる必要があることです。仮に５００万円で水回りを中心にリフォームをしたとしても、家賃で回収するには何年もかかります。リフォーム代がマイナスになることなども踏まえて、売却、賃貸それぞれの見通しを検討しましょう。次のようなことがポイントになります。

○現預金の資産が少ない場合の資金計画はこうする

売却の必要性が高いなら、まずご自身のライフプランやキャッシュフローを検討しましょう。①特例は使えないが生前に売却する、②特例を使って生前に売却する、③特例を使えないが相続後に売却する、④相続後に特例を使って売却する、という4つの場合の譲渡税（所得税・住民税）の試算をします。試算が難しい場合は税理士に相談するといいでしょう。売却価格はほぼ土地代になると考えられますが、それを下回るケースもあります。④のように特例を利用して売却する方法は税額が低いため、一般的にはよいと思われていますが、一概にはいえません。お母さまの施設入居が待ったなしになれば、節税よりも資金確保が重要なポイントになるからです。また、特例は時限立法であることが多いので、実際に相続する際に利用できるかどうかはわからないという問題もあります。①②は、お母さまが売却する意思がないとできません。

○生前整理はできるだけ早くから行なうこと

親の生前整理はできるだけ早く着手しておきたいもの。親が80歳、90歳と高齢になればなるほど負担になります。一度、空き家になってしまうとなかなか片づけられない、という声をよく聞きます。ちなみに生前整理を行なう業者に頼むと、数十万円の

覚えておくと便利な『空き家ビジネス』

空き家ビジネス		内　容
管理	空き家管理サービス	空き家を定期的に巡回して、通気、通水、屋内清掃などを行なう。
売却	格安仲介サイト	・「家いちば」…空き家を売りたい人と買いたい人をつなぐ無料掲示板サイト。 ・「ジモティー」…地域ごとに不用品の売買を行なう無料掲示板サイト。空き家や土地も取り扱う。
賃貸	改修、サブリースサービス	空き家を家主から借り上げて、改修後に賃貸に出すビジネス。家主は家賃の一部を得る。
	廃墟不動産投資	長期間利用されていないような空き家を家主から借り上げて、改修後に格安物件として賃貸に出すビジネス。家主は家賃の一部を得る。
	定額住み放題サービス	各地の物件を月額定額料金で借りることができるサービス。家主は空き家を提供して家賃の一部を得る。
ローン	空き家の解体、改修ローン	金融機関が行なう空き家解体ローン、空き家活用ローンなどがある。

コストがかかります。

売却の準備としては、地元の不動産会社にいくつか当たってみるとよいでしょう。相場はもちろん、地域の不動産売買の状況をよく知っているからです。空き家の原因の多くは相続によるものです。相続のタイミングは予測できなくても、実家をどうするのかどうかは、事前にある程度わかると思います。親の終活と並行して、もし「空き家」になってしまったら家をどうするか、親子、きょうだいで方針を検討しておくことも大切だといえます。

実家が「空き家」にならないように、上図のような「空き家ビジネス」を利用する方法も覚えておきましょう。

Q7 実家は古い商店街にある店舗併用住宅。リノベーションして店舗として賃貸に出せますか？（相談者Rさんの場合）

Rさんの実家は最寄駅から徒歩10分ですが、駅前の商店街はシャッター街化しているようですね。実家の位置をハザードマップで確認すると、浸水や液状化の心配がなく、土壌汚染の可能性も極めて低いエリアです。実家の土地は100㎡以下の狭小地で、左右の建物が迫っている状態のようです。建物は1階が商店、2階が住宅で、2階建て住宅として利用していましたが、現在、物置になっています。家は築40年以上で老朽化が激しく、雨漏りもしている状態のようですね。

築40年以上の旧耐震基準で建てられた建物は、耐震補強に相当の費用が必要になります。商店街の魅力が消失しつつある状況を考えると、リノベーションをして店舗併用物件として賃貸しても、継続してテナントを確保できるか疑問です。

たとえば、1階部分を居住用としてリノベーションし、さらに2階の居住部分をリフォームし、耐震補強をして戸建て住宅もしくはシェアハウスへ転用する方法もあります。その場合、リノベーションとリフォームした場合の費用を算出して、戸建て住宅を新築するのとかわらなくなるようであれば、見合わせたほうがよいでしょう。

ただ、立地条件は良いので、新築の戸建て賃貸であれば入居者の獲得は容易かもしれません。戸建て賃貸は根強いニーズがあります。一般的に、戸建て賃貸住宅は面積が小さかったり、地形が悪い狭小地にあるケースが多く、数も少ないです。賃貸に供給されている戸建ては築10年以上の中古物件がほとんどで、新築はあまりないのでねらい目です。戸建て賃貸には次のようなメリットがあります。

○戸建て賃貸のメリット

・狭小地や不整形地でも建築が可能。
・賃貸アパートやマンションと異なり、駅から徒歩圏外でも需要が見込める。
・共用部分の管理、清掃が不要で、管理が容易。入居者同士のトラブルもない。
・賃借人はファミリーが多く、ガーデニングやペット希望というニーズに応えられる。
・一般的な賃貸用戸建ての1棟当たりの建築費は平均1200万円程度。付帯工事費を入れても1500万〜1800万円程度で済むケースが多く、賃貸アパートやマンションよりも費用を抑えられる。

Q8 都市部にある実家のマンションを相続するときの注意点は何ですか？

（相談者Kさんの場合）

昨今、築30年を超えるマンションは全国で２００万戸以上になるなど、マンションの老朽化は社会的課題になっています（国土交通省「築後30年、40年、50年の分譲マンション戸数＜２０２１年末現在／２０２２年6月28日更新＞」より）。しかし、築年数が古ければ資産価値が低いかというと、必ずしもそうとは限りません。マンションの価値は、立地と管理状態で大きく違ってきます。

相談者のKさんの実家は、築40年で都市部の駅から徒歩10分の分譲マンション。過去３回、大規模修繕が行なわれて管理状態は良好です。修繕積立金は月額１万５千円で滞納の問題はなく、当面は修繕に支障が生じる懸念もなさそうです。相続後には、「売却」「賃貸」「自分で住む」の選択肢が考えられます。

「売却」の場合は一定の修繕を行なうケースもありますが、手を加えずに売却することも可能ですので、コストをかけたくない場合でも選択しやすいといえます。

マンションがあるエリアの不動産価格の推移を調べて、利用しないと決めたときは売却を早めに決断します。

「賃貸」に出す場合、修繕が必要な場合は初期コストがかかります。かなり築年数が経っているのは不利ですが、競合する物件よりも家賃を低く設定できることが強みです。家賃から管理費、修繕積立金、固定資産税を捻出できれば、実家を保有するコストはカバーできます。とはいえ、空室リスクや、長期的には専有部分の修繕が必要になる可能性も考えておかなければなりません。建物の売却価格も、将来的には下がります。

最後に「自分で住む」パターンを見てみましょう。Kさんは現在、勤務先近くの賃貸マンション暮らしで年間１２０万円の家賃を払っています。実家のマンションに転居すれば職場からは少し遠くなりますが、管理費や修繕積立金、固定資産税など年間60万円の負担になり、年間で60万円の負担軽減となります。修繕積立金の将来の上昇分も加味し、年間10万円程度を積み立てていけば、将来の修繕費は用意できそうです。

いずれの場合も活用の効果は大きく、その分、不安に思っている老後資金の準備に回すことができます。

○管理が肝心。空き家期間を長引かせない

相続にあたっては、まず基本的な状況を確認しておきましょう。マンションが親族などとの共同名義になっていないか、抵当権が設定されていないかなど、権利関係については第一に確認したい点です。

住宅は空き家の状態が長いほど劣化が進みます。賃貸に出しても、入居者が退去すると一時的に空き室になる可能性があります。その場合でも管理費や修繕積立金などの支払いは発生します。前述したように、マンションは管理状態によって資産価値が大きく変わります。

売却や活用のためには、マンションに修繕積立金の滞納や、所有者不明の住戸があるかどうかなども、管理組合の議事録等で定期的に確認しておきましょう。実家じまいで後悔しないために、空き家期間を長引かせないことが大事です。

2 〃家じまい〃をするときに知っておきたい制度＆用語

実家の〃家じまい〃を行なうためには、相続や不動産に関するさまざまな制度を知っておく必要があります。また、実家を活用するときに覚えておきたい用語もあるので、わかりやすく解説します。

①知っておきたい国の制度

○相続土地国庫帰属制度

相続や遺贈によって土地を取得した人が、土地を手放して国庫に帰属させることを可能にする制度で、２０２３年４月27日に施行。相続人は、審査手数料を支払い、法務大臣に審査を申請します。一定の要件を満たしていると判断されれば、土地を国庫に引き渡せる（国庫に帰属を承認）ようになります。このとき、10年分の土地管理費用に相当する負担金を国に支払う必要があります。この制度ができた理由は、所有者不明土地の解消が挙げられます。

○成年後見制度

認知症などによって判断能力が低下した人の財産を保護するために作られた制度。認知症で意思決定が困難になると、不動産の売買契約や銀行預金の解約などができなくなります。そのような人の財産を守るために、家庭裁判所によって選任された成年後見人が本人の代わりに財産を管理し、本人に代わって契約を結んだり、本人の契約を取り消すことができます。

必ずしも子どもや親族が後見人に選任されるわけではなく、弁護士や司法書士などの専門職の人が選ばれることもあります。その場合、後見人に毎月数万円を報酬として支払う必要があります。成年後見制度は一度開始するとやめることはできず、ほとんどの場合、本人が亡くなるまで続きます。手間も時間もかかり、使い勝手が悪いため、２０２６年度までに制度の見直しがされそうです。

○家族信託

信頼できる家族（親子）や親しい人と信託契約を結び、自分の生前から財産管理を任せる民事信託の一種です。財産管理のトラブルを防ぐ手段として有効で、将来、認知症などにより法律行為ができなくなるリスクに備えることができます。

家族信託のメリットは、親が認知症になったときでも信託財産である不動産や金融資産を管理したり、支出したり、信託契約によって処分できること。また、「委託者」である親は、自分が認知症などになっても、家や財産を管理してもらえるという安心感を得ることができます。財産管理を任せられた「受託者」である子どもは、帳簿作成や税務申告などの義務が生じますが、必要に応じて専門家に相談しながら行なうことも可能です。

○相続放棄

相続人が、被相続人の権利や義務を放棄すること。預貯金や不動産などのプラスの財産よりも、借金や未払金などのマイナスの財産のほうが多い場合などに行なわれます。

相続放棄はすべての権利からの離脱なので、個別の財産を指定して放棄することはできません。相続放棄の申し立ては、限定承認同様、相続が発生してから3カ月以内という期限が定められているので注意しましょう。

○代償分割

相続財産の分け方で、ほかの相続人に金銭（代償金）を支払う方法です。

○換価分割

相続財産の分け方で、財産を全員の名義で売却して金銭で分ける方法です。

○共有

相続財産の分け方で、相続人の間で持ち分を決めて財産を共有する方法です。デメリットとしては、将来の活用や売却が難しいことです。

○現物分割

相続財産の分け方で、遺された財産を各相族人にそのまま分ける方法です。自宅等不動産が1つしかない場合は、土地を分筆して、それぞれ単独で相続することも可能です。

○遺言

自分が築き、守ってきた大切な財産を、最も有効・有意義に活用してもらうために行なう遺言者の意思表示です。

○遺留分

きょうだい以外の相続人のために、法律で保障されている一定割合の相続分のこと。遺言によって、この遺留分より少ない相続分しか与えられなかった相続人は、遺留分侵害額請求権を行使することによって、遺言の中で遺留分を侵害している場合、金銭を請求できます。

②利用したい自治体の取り組み

○空き家バンク

過疎化が進んだ地方への移住や交流を促すための自治体の空き家対策です。空き家の所有者に自治体のサイトに登録して情報を載せてもらい、それを公開することで、売る人と買う人、借りる人のマッチングを行ないます。実際の交渉は当事者同士または自治体と協定している不動産会社（宅建業者）が行ないます。

空き家バンクを開設する自治体は年々増えており、移住を検討している人にとっては、全国どこからでも希望に合う物件をインターネット上で探しやすくなっています。不動産会社に売却を依頼している物件は、空き家バンクに載せることができない場合があるので確認が必要です。

○空き家改修（リフォーム）助成

自治体が空き家の改修（リフォーム）を行なう人に対して、費用の一部を助成すること。空き家を改修することで地域の環境保全や活性化につなげる目的があります。助成金の上限額や対象となる条件などは自治体ごとに異なり、助成金制度がない自治体もあります。利用したい場合は自治体のホームページや役所の窓口などで情報を確認しましょう。

○空き家解体工事助成

自治体が空き家を解体する人に対して、費用の一部を助成すること。地域の防災性や防犯性を改善することを目指しています。

助成金の上限額や対象となる条件などは、自治体によって異なります。助成金制度のない自治体もあるので、利用を検討するときは、自治体のホームページや役所の窓口などで情報を確認しましょう。

○空き家片づけ・管理支援

自治体が空き家の片づけや管理を行なう人に対して、費用の一部を助成すること。老朽化が進んだ空き家を整備し、環境の改善をはかるために行ないます。

対象となるのはゴミ処理、ハウスクリーニング、排水管清掃、樹木伐採など、自治体によってさまざまです。費用の上限も自治体によって異なるので、ホームページや役所の窓口などで確認しましょう。

③覚えておきたい〝家じまい〟でよく使われる用語

○特定空き家

きちんと管理が行なわれていない空き家のことで、「倒壊などの危険がある」「衛生上有害な恐れがある」「著しく景観を損なっている」「周辺の環境保全のために放置することが不適切」のいずれかに該当し、自治体から「特定空き家」に指定された空き家のことです。

自治体からの助言や指導に応じないで空き家の放置を続けると、勧告となり、固定資産税が最大１／６に、都市計画税が最大１／３に軽減されていた軽減措置が受けられなくなり、最大、土地の固定資産税が６倍になる可能性があります。さらに、自治体からの勧告にも応じないと、命令となり、50万円以下の罰金が科されます。それでも放置を続けると、自治体が所有者に代わって空き家の解体作業を行ない、所有者は解体費用を請求されることになります（26ページ参照）。

○所有者不明土地

「不動産登記簿により所有者がすぐに判明しない土地」「所有者が判明してもその人の所在がわからず連絡がつかない土地」のこと。所有者不明土地は、土地の利用や取り引きに支障をきたす原因となります。また、土地の管理が適切に行なわれていないため、隣接する土地への悪影響も問題になっています。

国は相続登記の義務化や相続土地国庫帰属制度など、新たな仕組みを作って所有者不明土地の解消を推進しています。

○ゴミ屋敷

ゴミや不用品が部屋の中にも外にも集積され、放置された家のこと。空き家ではなく人が住んでいることが多く、住人が自ら出すゴミだけでなく、新たに不用品を運び込むケースもあります。ゴミ屋敷は害虫や悪臭などの発生により、周辺の生活環境を悪化させてしまい、ゴミを片づけることも難しく、社会的に問題となっています。

○ストロー現象

新幹線や高速道路などの交通網が整備されたことによって、地方都市の人口や産業が、ストローで水を吸い上げるように大都市へ吸い取られていく現象のこと。

地方都市にとって交通網の整備は、大都市へのアクセスが改善され、生活面でのプラスの効果が期待されます。その一方で、多くの人が働く場所を求めて大都市へ流れることで、地方の人口減少に拍車がかかり、人口流出などが生じています。

○都市計画区域

都心の市街地から郊外の農地や山林のある田園地域に至るまで、人や物の動き、都市の発展を見通し、地形などからみて、一体の都市として捉える必要がある区域を「都市計画区域」といいます。

○線引き

一つの都市計画区域を、市街化区域と市街化調整区域とに区分することです。都市計画法上では「区域区分」と呼んでいます。

○市街化区域

街づくりを行なう都市計画のうち、街を活性化させるために利用される区域を「市街化区域」といいます。

○市街化調整区域

無秩序な市街地拡大を抑制する地域を「市街化調整区域」といいます。

市街化調整区域は、主に農業や林業などを行なう地域なので、住宅の建築に関して多くの制限があり、下水道などのインフラが整っていない場合もあります。

○耐震基準

一定の強さの地震が起きても倒壊、損壊しない住宅を建築するために、建築基準法で定められている基準。現在適用されているのは、1981年（昭和56年）6月に改正されたもので、それ以前の基準を「旧耐震基準」、それ以降の基準を「新耐震基準」といいます。

旧耐震基準で建てられた家は耐震性が不十分な場合が多く、耐震診断を受けて、その結果次第では耐震補強工事を行なう必要があります。自治体で耐震工事費用の助成が行なわれていれば、利用することで費用の負担を軽減できます。

○普通借家契約

一般的に、契約期間が1年以上に定められていて、契約の更新がある一般的な借家契約のこと。解約を行なうまで契約が更新され続けます。基本的には、借主が住み続けることを希望した場合、貸主からの中途解約や更新の拒絶はできません。

○定期借家契約

物件を期限付きで賃貸に出す借家契約。定められた賃貸借期間が終了すれば、原則として契約の更新は行ないません。

借主にとっては不利な契約になるため、普通借家契約よりも家賃が安くなる傾向があります。契約期間は自由に決めることができ、期間限定での賃貸ができるので、空き家を一時的に貸し出すなどの有効利用ができます。

〇固定資産税と都市計画税の軽減措置

住宅用地の固定資産税と都市計画税を軽減する特例措置。住宅１戸につき、２００㎡までの「小規模住宅用地」の部分と、それ以外の部分の「一般住宅用地」の部分では、軽減される割合が異なります。

「小規模住宅用地」の部分では固定資産税評価額が１／６、都市計画税が１／３になり、「一般住宅用地」の部分ではそれぞれが１／３、２／３に軽減されます。税法上の「住宅用地」と見なされるためには１月１日時点で居住用住宅が建っていることが必要なので、軽減措置を受けるためには、年が明けてから更地にするなど計画的に進めます。また、新築住宅等についての特例もあります。

〇空家等対策特別措置法

空き家の放置によって生じる地域住民への悪影響を改善し、空き家の活用や跡地の利用を進めることを目指して2015年5月に施行された法律。正式には「空家等対策の推進に関する特別措置法」といいます。これにより自治体は、空き家への立ち入り調査ができるようになりました。また、自治体は放置されたままの空き家を「特定空き家」に指定することができ、「特定空き家」の所有者に対して助言や勧告などを行ない、最終的には空き家を解体することも可能となっています。

〇所有権移転登記

不動産を売買または相続、贈与をする際に、所有権が変わることを法務局で申請する手続きのことをいいます。所有権移転登記には登録免許税が費用としてかかります。手続きを自分で行なう場合は登録免許税で済みますが、司法書士に手続きを依頼すればその分の費用もかかります。

〇媒介契約の種類

「一般売買契約」「専任媒介契約」「専属専任媒介契約」の3種類があります。

終章

後悔しないスムーズな〝家じまい〟のために

親子で〝家じまい〟についてよく話し合う

最近は親世代の人たちが、人生の終わりに向けた活動である「終活」を行なうことが増えています。「終活」の一環として、親世代は「将来、家をどうしたいか」という〝家じまい〟についても、子どもに伝えておくことが重要です。

一方、子ども世代は、親が元気で自分の意思をしっかり伝えられるうちに、親の意向を聞いて話し合う機会を作るようにしましょう。その機会を先延ばしにすればするほど、加齢や病気などによって親の本当の思いを聞くことができなくなってしまいます。実際、「死んだ後の話なんて縁起でもない」と、親に嫌な顔をされるかもしれないと思うと、子どものほうからは、なかなか言い出しにくいもの。タイミングとしては、家族が集まるお盆や正月などに話を切り出すと、うまくいくことが多いようです。親の思いを尊重しながら、きょうだいも交えて、第2章で紹介した5つの活用法のどれを選ぶかという方針を話し合っておくようにしましょう。そうすれば、早めに「家じまい」の準備に取りかかることができます。

●〝家じまい〟に関する情報を集める

親世代と子ども世代が〝家じまい〟について十分に話し合いをして、実家の活用方針が決まったら、その方針に合った情報を集めることが大事です。最近は〝家じまい〟に関連する新しい制度ができたり、法律や制度は改正されます。テレビや新聞、インターネットニュース、官公庁のホームページなどから最新の情報を得られるように、子ども世代は、常にアンテナを張り巡らせておきましょう。

２０２３年4月27日から相続した土地を国が引き取ってくれる「相続土地国庫帰属制度」が施行され、早ければ２０２３年度中に、窓や壁などが壊れている「管理不全の空き家」も、「特定空き家」と同様に固定資産税の軽減措置から除外される可能性が出てきました。２０２４年4月からは相続登記が義務化されます。このように状況はどんどん変わるので、情報を早めに入手することが、実家の〝家じまい〟に役立ちます。ただ、近年はさまざまな情報が氾濫し、間違った情報に惑わされることも増えてきます。正しい情報を得るために、信頼のおける中立性の高い主催者による「家じまいセミナー」などに参加するのも一つの方法です。〝家じまい〟の成功事例や失敗事例を知ることで、自分の〝家じまい〟に生かすことができます。

親、子どもともお互いが理解する
世代間の考え方の違いを

〝家じまい〟には「相続」の問題が絡んできます。特に「親の財産は、ほぼ実家のみ」という場合は、残された子どもたちの間で実家の相続を巡って「争続」になりかねません。親世代は対策として、子どもと〝家じまい〟について話し合ったうえで、家族の方針が決まれば、具体的に「遺言」「家族信託」等の利用を具体的に検討しましょう。自分の意思能力が衰える前に遺言書を残しておくことが理想です。そうすることで、自分が亡き後に、子どもたちが円満に相続を行なうことができます。

遺言書には、公証役場で公証人が作成する「公正証書遺言」と、自分で手書きをする「自筆証書遺言」の2通りがあります。「自筆証書遺言」は、以前は自宅に保管して紛失するリスクがありましたが、法務局で預かってもらえる制度ができたため利用しやすくなりました。それでも「遺言書を書くのはハードルが高い」と感じる人もいるようです。そのようなときは、エンディングノートを書いてみることも大切です。エンディングノートは自分の人生の終末における希望や、家族に伝えておきたいことなどを自由に書けるノートです。遺言書のように法的な強制力はありませんので、記した内容がすべて叶えられるとは限りません。けれど、エンディングノートを見た子どもたちが、親の希望を尊重して実行してくれる可能性は高いでしょう。

今後、団塊世代の高齢化や家への価値観の違いなどから、空き家はますます増える傾向にあると考えられます。親が「家を継いでほしい」と希望しても、子ども世代の中には、持ち家にこだわらない人たちがいます。「家に縛られたくない」と考えて、お金があっても自分の家をもたず、賃貸物件に住み続けることを選択する人も少なくないのです。そのような考え方があることも、親世代は理解したうえで〝家じまい〟を進めていくことが重要だといえるでしょう。

とはいえ親は、残された子どもが〝家じまい〟を通して幸せになることを願っているはずです。子どもはその気持ちを汲みながら、親がどのような思いで実家を手に入れて、どのような思いで住み続けてきたかにも思いを馳せることが大事です。

そして、親への感謝の気持ちや、きょうだい同士が譲り合う気持ちを大切にしながら〝家じまい〟を行なえば、良い結果につながると考えます。本書の内容を参考にして、自分の環境に合った〝家じまい〟をしていただければと願います。

おわりに

この「実家じまい」の本を手に取っていただき、そして、最後まで読んでいただき、ありがとうございました。全国のみなさんにこの本を活用してもらうために、基本的な知識からかなり踏み込んだ情報まで、コンパクトに網羅しました。

このテーマは、必要とわかってはいても、具体的に動こうと思うと、裏技などはないので、とても面倒で……実際に、いざ、問題が表面化しないと真剣に事に当たれない……そういう問題です。親子やきょうだいで家に対する想いや価値観が異なるので、なかなか言い出せない……そんな「こころ」の側面もあります。

ただ、それでは、きっと手遅れになるでしょう。ご家族との関係やご実家の不動産はみなさんそれぞれ異なりますので、方法は無限にあり、何が正解であるかも難しいところです。大切なことは、ご先祖さまやご両親、ご自分が育った大切なご実家を、円満に次の形へと引き継ぎ、そこで新しく次の暮らし（家族）や活用が始まることだと私たちマイアドバイザー®は考えています。

単純に不動産が活用できるかだけではなく、ご家族のライフプランを考えた「実家じまい」をぜひ実現してください。本書がその一助となれば本望です。

〈執筆協力者紹介（五十音順）〉

小林信之（こばやしのぶゆき）

小林建設株式会社（コバヤシホーム・介護ショップはなまる・FP空き家相続ねっと）代表取締役。北海道芽室町在住。CFP® 認定者・一級建築士・一級土木施工管理技士・マンション管理士・宅地建物取引士・社会福祉士・精神保健福祉士等75種の資格を所持。「過去の業務経験や多職種の周辺知識に基づいて複雑高度な内容でもきめ細かく対応する」という活動理念の下“あなたの困った”をワンストップの専門家としてサポートしている。

裁原正和（さいはらまさかず）

株式会社さいはら代表取締役。鹿児島県鹿児島市在住。CFP® 認定者・公認 不動産コンサルティングマスター・終活アドバイザー。「不動産を中心に“セカンドライフと終活”のお手伝いをすること」を企業理念として活動。30年以上の不動産売買仲介の実績の下、かごしま相続不動産（宅建業）とFPオフィスシフトを運営。相続を考え始めた方へ不動産・相続・終活アドバイス等の相談業務やコンサルタントを行ない、司法書士や税理士等の士業とも幅広く連携している。

佐藤益弘（さとうよしひろ）

株式会社優益FPオフィス 代表取締役。神奈川県横浜市在住。CFP® 認定者。「お客さまと共に人生そのものを設計する…そこにFPの真価があります」という活動理念の下、ライフプランFP® ＝教科書通りの非販売型独立系FPとして活動。主に団塊ジュニアの共働き家庭向けにFP相談＆サポートを行なっており、大手ハウスメーカーや賃貸管理会社、マンション管理会社を通じたお客さま向けサポートも行なっている。マイアドバイザー®の運営者・事務局長としても活動中。

平井 寛（ひらいゆたか）

株式会社エフピーコンパス 代表取締役。大阪府吹田市在住。CFP® 認定者・終活アドバイザー。土地活用・相続対策を軸に金融・保険の見直し等のFP相談をNLP（神経言語プログラミング）資格を活かし、お金と心の両面から総合的なコンサルティングを行なう。「家族の想いをつなぐ“円満な相続”を実現する」を信念に、ライフプラン実現に向けての実務作業を税理士・弁護士・司法書士等と協力して行なう。相続の専門家集団「一般社団法人相続トータルサポート関西」代表理事。「NPO法人ら・し・さ」理事。

〈編者紹介〉
マイアドバイザー®（運営：株式会社優益 FP オフィス）
プロの実務家＆独立系ファイナンシャルプランナー（FP）の全国規模のプラットフォーム。あなたの人生を共創する FP 業界の確立のため、「プロモーションと情報交流」を目的に活動しています。日本 FP 協会の立ち上げメンバー・元副理事長 故田中英之先生の発案で、2005 年に立ち上げられた FP プラットフォームの草分け的な存在です。倫理感をしっかり持ちながら長期間事業を行ない、一定以上の実績を持つ日本 FP 協会 CFP® & AFP 認定者のみが参加できます。全国規模の講演・研修・セミナー運営やコラムなど WEB コンテンツの制作はチーム体制でプロジェクトとして行ない、きめ細かい対応が求められる個別相談はエリア別に個々のマイアドバイザー® メンバーが対応しています。　https://www.my-adviser.jp

装幀　朝田春未
装画・本文イラスト　よしのぶもとこ
編集協力　松澤ゆかり
組版　朝日メディアインターナショナル株式会社

ほったらかしていると大損
後悔したくない 上手な「実家じまい」

2023年５月11日　第１版第１刷発行

編　者　マイアドバイザー®
発行者　村上雅基
発行所　株式会社PHP研究所
京都本部　〒601-8411　京都市南区西九条北ノ内町11
〔内容のお問い合わせは〕暮らしデザイン出版部 ☎075-681-8732
〔購入のお問い合わせは〕普　及　グ　ル　ー　プ ☎075-681-8818
印刷所　株式会社光邦
製本所　東京美術紙工協業組合

ISBN978-4-569-85481-6